Love
Louise Hay

«Con Amore.»

Louise Hay

Louise Hay

PUOI GUARIRE LA TUA VITA

Pensa in Positivo per ritrovare
il Benessere Fisico e la Serenità Interiore

MyLife

Published and distributed in the United States by Hay House Inc.
Titolo originale: *You Can Heal Your Life*
Traduzione: Katia Prando

Sintonizzati con Hay House su:
www.hayhouseradio.com

www.mylife.it

Ristampa: settembre 2020
My Life srl, Coriano di Rimini (RN)
Finito di stampare nel settembre 2020, presso Lineagrafica, Città di Castello (PG)

FSC
MISTO
Carta
FSC® C113203

Dedica

Possa questo libro aiutarti a trovare dentro di te il luogo in cui scoprirai la tua autostima, quella parte di te che è puro amore e accettazione di sé.

Ringraziamenti

Sono felice e lieta di ringraziare:

- i molti allievi e clienti che mi hanno insegnato così tanto e che per primi mi hanno incoraggiata a mettere le mie idee nero su bianco;
- lo staff di Hay House, che svolge con passione il proprio lavoro, per condividere il mio sogno di diffondere nel mondo libri, video e CD che aiutino il Pianeta a livello spirituale, emotivo e fisico;
- i miei meravigliosi lettori e ascoltatori, che hanno sostenuto con amore il mio lavoro e che continuano a essere una fonte di ispirazione per me;
- le persone il cui cuore è sempre più aperto ogni giorno che passa;
- i miei cari amici sparsi per tutto il mondo, che mi circondano di amore incondizionato, allegria e divertimento!

Indice

Premessa

Se venissi abbandonato su un'isola deserta e potessi portare con me soltanto un libro, sceglierei senz'ombra di dubbio *Puoi guarire la tua vita* di Louise Hay.

Non solo esso racchiude l'essenza di una grande maestra, ma è anche l'espressione potente e personalissima di una grande donna.

In questo libro meraviglioso, Louise condivide con i lettori un tratto del percorso che l'ha portata dov'è oggi nella sua evoluzione. Sono colmo di ammirazione e solidarietà per la sua storia, di cui troverai senz'altro ulteriori dettagli negli altri libri che ha scritto.

Ritengo che qui ci sia tutto quello che ti serve sapere sulla vita e su come lavorare su te stesso, compreso un Elenco di riferimento (strumento notevole e unico a mio avviso) per individuare e conoscere gli schemi mentali che probabilmente fomentano le malattie. Una persona su un'isola deserta che trovasse questo testo in una bottiglia potrebbe imparare tutto quello che le serve per vivere bene.

Isola deserta o meno, se il tuo cammino ti ha portato fino a Louise Hay, magari persino "accidentalmente", allora sei sulla strada giusta. I libri di Louise, i suoi efficaci CD di guarigione e i suoi straordinari seminari sono doni inestimabili per un mondo in difficoltà.

È stato il mio stesso coinvolgimento nel lavoro con le persone malate di AIDS che mi ha portato a conoscere Louise e a utilizzare i principi della sua opera di guarigione.

Tutte le persone malate di AIDS con cui ho lavorato e a cui ho fatto sentire le registrazioni di Louise hanno colto il suo messaggio fin dal primo ascolto. In molti casi l'ascolto della sua voce registrata è diventato un rito quotidiano. Un uomo, Andrew, mi raccontò: "Mi addormento sempre con Louise e ogni giorno mi risveglio grazie a lei!".

Il rispetto e l'amore che provo per Louise sono cresciuti mentre assistevo ai cambiamenti che avvenivano nei malati di AIDS; essi si arricchivano spiritualmente ed erano in pace, integri. Grazie a Louise erano colmi di amore e perdono per se stessi e per gli altri, e la rispettavano profondamente per aver offerto loro la possibilità di imparare dalle esperienze vissute.

Nella mia vita ho avuto la fortuna di incontrare molti grandi maestri, alcuni veri e propri santi, ne sono certo, e persino illuminati. Ma devo ammettere che Louise non è da meno; con lei puoi parlare e sentirti ascoltato, avvolto dal suo amore incondizionato, anche mentre l'aiuti a lavare i piatti. Louise insegna con esempi pratici e vive attenendosi ai suoi stessi insegnamenti.

Sono profondamente onorato di invitarti a integrare nella tua vita ciò che leggerai. Sia tu che il libro lo meritate!

Dave Braun

Parte Prima

Introduzione

Suggerimenti al lettore

Ho scritto questo libro per condividere con te, caro lettore, quello che so e insegno. Vi sono comprese parti del mio libretto blu *Guarisci il tuo corpo*, ampiamente riconosciuto come testo autorevole sugli schemi mentali che portano allo sviluppo delle malattie.

La decisione è scaturita dalle centinaia di lettere in cui i miei lettori mi chiedevano maggiori informazioni, e dalle richieste dei numerosi clienti privati con cui ho lavorato, oltre a tutti quelli che hanno frequentato i miei seminari.

L'ho strutturato in modo da offrirti delle vere e proprie sedute, come se tu fossi uno dei miei clienti o uno dei partecipanti ai miei seminari.

Se svolgerai gli esercizi progressivamente così come si succedono nel libro, nel momento in cui volterai l'ultima pagina avrai già cominciato a cambiare la tua vita.

Ti suggerisco di leggere il testo una prima volta per intero, poi di ritornarci con calma, questa volta facendo tutti gli esercizi. Prenditi il tempo necessario per svolgerli con attenzione e in profondità.

Se puoi, eseguili con un amico o con un familiare.

Ciascun capitolo si apre con un'affermazione appropriata per quell'area specifica della vita su cui si andrà a lavorare. Prenditi due o tre giorni per studiare ogni capitolo. Ripeti e scrivi costantemente l'affermazione in apertura.

I capitoli terminano con una "terapia". Si tratta di un flusso di idee positive ideato per modificare la coscienza. Rileggi le relative prescrizioni più volte al giorno.

Il libro si conclude con la mia storia personale: ho voluto condividerla con te per dimostrarti che a prescindere da dove veniamo, o da quanto sia modesta la nostra condizione di partenza, abbiamo il potere di cambiare completamente la nostra vita in meglio.

Sappi che quando lavorerai con queste idee avrai tutto il mio amorevole sostegno.

Alcuni punti della mia filosofia

Siamo responsabili delle nostre esperienze.

I pensieri che facciamo creano il nostro futuro.

Il punto di potere è sempre nel presente.

Tutti soffrono di senso di colpa e odio verso se stessi.

Tutti partono da questo presupposto:
"Non sono abbastanza bravo."

È solo un pensiero, e i pensieri si possono cambiare.

Siamo noi a creare le cosiddette malattie nel corpo.

Risentimento, giudizio e senso di colpa sono gli schemi
che ci danneggiano maggiormente.

Lasciare andare il risentimento può annullare
persino malattie come il cancro.

Dobbiamo lasciare andare il passato e perdonare tutti.

Dobbiamo essere disposti a imparare ad amare noi stessi.

L'approvazione e l'accettazione di sé nel presente
sono la chiave per i cambiamenti positivi.

Quando ci amiamo davvero tutto funziona nella nostra vita.

Nello spazio infinito della mia vita,
tutto è perfetto, integro e completo.
Eppure la vita è in costante mutamento.
Non c'è inizio né fine, solo un costante
e ciclico perpetuarsi di sostanza ed esperienza.
La vita non è mai bloccata né statica né esaurita,
perché ogni istante è sempre nuovo e vibrante.
Sono tutt'uno con la Forza che mi ha generata e che ha infuso
in me il potere di creare gli avvenimenti della mia vita.
La consapevolezza di usare liberamente
il potere della mia mente mi dà gioia.
Ogni istante della vita è un nuovo inizio che ci allontana
dal passato, da ciò che è già vecchio. Questo istante, proprio qui
e proprio adesso, è per me un nuovo punto di partenza.
Va tutto bene nel mio mondo.

Capitolo Uno

Ciò in cui credo

I cancelli della saggezza e del sapere sono sempre aperti.

La vita è molto semplice: ciò che diamo ci viene restituito

Ciò che pensiamo di noi diventa la nostra verità. Credo che tutti, inclusa me stessa, siano responsabili al cento per cento della propria esistenza, sia nel bene che nel male. Ogni pensiero che facciamo plasma il nostro futuro. Ciascuno di noi crea le esperienze che si ritrova a vivere con i pensieri e i sentimenti che alimenta dentro di sé.

Siamo noi gli artefici delle situazioni in cui ci troviamo, ma rinneghiamo il nostro potere incolpando gli altri per la frustrazione che proviamo. Niente e nessuno ha potere su di noi, perché siamo "noi" gli unici responsabili dei pensieri che facciamo. Se costruiamo pace, armonia ed equilibrio nella mente, sarà così anche nella nostra vita.

Quale di queste affermazioni ti suona più familiare?

- Gli altri si approfittano di me.
- Ricevo aiuto da parte di tutti.

Queste convinzioni creeranno esperienze del tutto diverse fra loro. Ciò che riteniamo vero su di noi e sulla vita diventa la nostra realtà.

L'Universo ci sostiene completamente in ogni pensiero che facciamo e a cui prestiamo fede

In altre parole, la mente subconscia accetta tutto quello che noi scegliamo di credere. Significa che ciò che penso di me e della vita diventa la mia realtà. Il bello è che abbiamo a disposizione infinite opzioni.

Partendo da questo assunto, ha più senso scegliere di pensare: "Ricevo aiuto da parte di tutti" piuttosto che "Gli altri si approfittano di me."

Il potere universale non ci giudica né ci critica

Il potere universale ci accetta per il nostro valore. Poi riflette le nostre convinzioni nella vita che conduciamo. Se ritengo che la vita sia triste e che nessuno mi ami, allora è questo ciò che troverò nel mio mondo.

Tuttavia, se sono disposto a lasciare andare questa convinzione e ad affermare che "l'amore è ovunque, io amo e sono amato", attenendomi a questa nuova affermazione e ripetendola spesso, allora essa si trasformerà nella mia realtà. Così, persone amorevoli entreranno nella mia vita, quelle che già ne fanno parte saranno più affettuose, e anche io mi ritroverò più facilmente a esprimere amore agli altri.

La maggior parte di noi ha idee assurde su chi siamo e segue molte, troppe regole rigide su come si dovrebbe vivere

Con ciò non intendo condannare nessuno, perché ciascuno di noi sta facendo del suo meglio. Se avessimo una conoscenza maggiore, se dimostrassimo più comprensione e consapevolezza, allora agiremmo diversamente. Non biasimarti per i risultati che hai raggiunto finora.

Il solo fatto di aver trovato questo libro e di avermi scoperta significa che sei pronto per un cambiamento positivo nella tua vita. Riconosciti il merito. "Gli uomini non piangono!", "Le donne non sanno gestire i soldi!". Che idee limitanti alle quali attenersi!

Quando siamo molto piccoli, apprendiamo dalle reazioni degli adulti che ci circondano come sentirci nei confronti di noi stessi e della vita

È il modo in cui impariamo a pensare a noi stessi e al mondo. Se hai vissuto con persone molto infelici, impaurite, piene di sensi di colpa o di rabbia, allora hai imparato un sacco di cose negative su di te e sul tuo mondo.

"Non ne faccio mai una giusta." "È colpa mia." "Sono cattivo se mi arrabbio."

Convinzioni come queste creano una vita frustrante.

Crescendo, abbiamo la tendenza a riprodurre l'ambiente emotivo dei primi anni della nostra vita familiare

Non è una cosa né buona né cattiva, né giusta né sbagliata; è semplicemente ciò che riconosciamo dentro di noi come "famiglia". Inoltre, tendiamo a ricreare il rapporto che avevamo con i nostri genitori (o quello che essi avevano tra loro) nelle relazioni interpersonali che viviamo. Pensa a tutte le volte che hai avuto un fidanzato o un capo che erano "esattamente come" tua madre o tuo padre.

Ci trattiamo nello stesso modo in cui ci hanno trattato i nostri genitori. Ci sgridiamo e ci puniamo alla stessa maniera. Se ti ascoltassi, risentiresti quasi le loro medesime parole. E ci amiamo e ci incoraggiamo allo stesso modo in cui lo siamo stati da bambini.

"Non ne fai una giusta." "È sempre colpa tua." Quante volte ti sei ripetuto queste parole?

"Sei meraviglioso." "Ti amo." Quante volte ti sei rivolto queste parole?

In ogni caso, non incolperei i genitori per questo

Siamo tutti vittime di altre vittime, è impossibile insegnare ciò che non si conosce. Se tua madre o tuo padre non sapevano come amare loro stessi, non potevano certo insegnarlo a te. Hanno fatto del loro meglio con ciò che hanno imparato da piccoli. Se vuoi capire maggiormente i tuoi genitori, spingili a parlare della loro infanzia; se ascolti con compassione, scoprirai da dove provengono le loro paure e i loro rigidi schemi mentali. Le persone che "ti hanno fatto tutte queste cose" erano terrorizzate e impaurite quanto te.

Credo che siamo noi a scegliere i nostri genitori

Ciascuno di noi decide di incarnarsi su questo Pianeta in un particolare momento spazio-temporale. Abbiamo scelto di venire al mondo per imparare una lezione particolare che ci farà avanzare lungo il nostro sentiero spirituale evolutivo. Scegliamo a quale genere sessuale appartenere, di che colore sarà la nostra pelle, in che Paese vivremo e poi ci guardiamo attorno per individuare quella particolare coppia di genitori che rispecchierà lo schema mentale che vogliamo adottare per lavorarci su nel corso della vita. Poi, una volta diventati adulti, solitamente puntiamo il dito contro di loro e piagnucoliamo: "Siete stati voi a farmi tutto questo." Ma in verità, siamo stati noi a sceglierli perché erano perfetti per dedicarci al superamento di un determinato schema mentale.

Apprendiamo i nostri sistemi di convinzioni quando siamo molto piccoli, e poi seguiamo un percorso di vita realizzando esperienze che si accordino con le nostre credenze. Guardati indietro e prendi atto di tutte le volte che hai vissuto la stessa esperienza. È probabile che tu abbia creato e ricreato quelle esperienze perché rispecchiavano ciò che pensavi di te stesso. Non importa da quanto tempo abbiamo un problema, quanto sia grande o se sia una minaccia per la nostra vita.

Il punto di potere è sempre nel presente

Tutte le esperienze che hai vissuto nella tua vita fino a questo momento sono state create dai pensieri e dalle convinzioni del passato. Derivano dai pensieri e dalle parole che hai usato ieri, la settimana scorsa, uno, dieci, venti, trenta, quarant'anni fa o anche di più, a seconda dell'età che hai.

Ad ogni modo, si tratta del tuo passato. E il passato è passato. Ora importa solo ciò che scegli di pensare, credere e affermare adesso, perché sono proprio questi pensieri e queste parole che plasmeranno il tuo futuro. Il tuo punto di potere è nel presente e crea le esperienze di domani, della prossima settimana, del mese venturo, dell'anno a venire e così via.

Soffermati su quello a cui stai pensando proprio in questo momento. È negativo o positivo? Vuoi che sia questo pensiero a creare il tuo futuro? Facci caso e sii consapevole.

La sola cosa con cui abbiamo sempre a che fare è il pensiero, e può essere cambiato

A prescindere dal problema, le nostre esperienze non sono che effetti esteriori di pensieri interiori. Persino il risentimento verso noi stessi consiste nell'odiare un pensiero che facciamo su di noi. Pensi: "Sono una brutta persona." Questa idea genera un sentimento che prendi per vero. Ma se non facessi quel pensiero, non proveresti quel sentimento. E i pensieri possono essere cambiati. Se cambi il pensiero, il sentimento scomparirà.

Con ciò intendo semplicemente mostrarti da dove derivano molte delle nostre credenze. Tuttavia non dobbiamo usare queste informazioni come scuse per rimanere bloccati nel dolore, non cedere il nostro potere al passato. Non importa per quanto tempo abbiamo mantenuto questo schema mentale negativo. Il punto di potere è nel presente. È meraviglioso scoprirlo! A partire da questo momento possiamo essere liberi!

Che tu lo creda o no, siamo noi a scegliere i nostri pensieri

Quando rimuginiamo più volte sullo stesso pensiero, potrebbe sembrarci che non siamo noi a sceglierlo. In verità, siamo stati noi a decidere di crearlo in origine. Pensa a tutte le volte che ti sei rifiutato di formulare una riflessione positiva su di te. Be', sappi che puoi rifiutarti anche di farne una negativa.

Ho l'impressione che tutti quelli che conosco e con cui ho lavorato soffrano a diversi livelli di senso di colpa e di odio per se stessi. Più ci odiamo e ci sentiamo in colpa, meno funziona la nostra vita. Meno sentimenti negativi nutriamo nei nostri confronti, meglio funziona la nostra vita, a tutti i livelli.

La convinzione più radicata nelle persone con cui ho lavorato è sempre la stessa: "Non sono abbastanza bravo!"

Dopo questa affermazione, spesso aggiungiamo: "E non faccio abbastanza" oppure "Non me lo merito." Queste frasi ti suonano familiari? Dici spesso o alludi o senti di "non essere abbastanza bravo"? Ma per chi? E in base a quali modelli?

Se questa convinzione è molto radicata dentro di te, come puoi riuscire a creare una vita sana, felice e prospera? Essa verrebbe costantemente messa in discussione dalle tue idee di fondo. In un modo o nell'altro qualcosa andrebbe sempre storto, così da non permetterti di realizzarti.

Trovo che la rabbia, la disapprovazione, il senso di colpa e la paura provochino più problemi di qualsiasi altro sentimento

Questi quattro elementi causano il maggior numero di problemi fisici e di altro genere. Queste emozioni derivano dalla tendenza a incolpare gli altri e a non assumerci la responsabilità nei confronti delle cose che ci accadono. Vedi, se fossimo responsabili al cento per cento della nostra vita, non ci sarebbe nessuno da biasimare. Quello che accade "là fuori" non è che uno specchio del nostro pensiero interiore. Con ciò non voglio giustificare il comportamento meschino di certe persone, ma intendo dire che sono le NOSTRE convinzioni ad attrarre chi ci tratta male.

Se ti ritrovi a dire: "Con me si comportano tutti così: mi criticano, non mi aiutano, mi trattano come uno zerbino, si approfittano di me" allora questo è il tuo SCHEMA. Deve esserci qualche pensiero dentro di te che attira chi si comporta in questo modo. Se smetti di pensarla così le cose cambiano. Non sarai più circondato da persone simili.

Qui di seguito, riporto gli effetti a livello fisico di alcuni schemi: il risentimento a lungo trattenuto può corrodere il corpo e trasformarsi nella malattia che chiamiamo cancro. La critica e il giudizio come abitudini costanti spesso portano allo sviluppo dell'artrite. Il senso di colpa cerca sempre una punizione e la punizione porta alla sofferenza. (Quando un cliente arriva da me con un grande dolore, so che prova un enorme senso di colpa.) La paura, e la tensione che innesca, può creare disturbi come la calvizie, ulcere e dolore ai piedi.

Ho scoperto che perdonare e lasciare andare il risentimento può dissolvere persino il cancro. Sebbene possa suonare semplicistico, sono stata testimone del funzionamento di questo meccanismo e l'ho vissuto sulla mia pelle.

Possiamo cambiare il nostro atteggiamento nei confronti del passato

Il passato è passato. Non possiamo più cambiarlo. Tuttavia, possiamo modificare i pensieri che facciamo a riguardo. Non è sciocco PUNIRCI nel presente perché qualcuno ci ha feriti tanto tempo fa?

A chi ha profondi schemi di risentimento dico spesso: "Per favore, inizia a dissolvere il risentimento adesso che è ancora facile farlo. Non aspettare di trovarti sotto la minaccia di una operazione chirurgica o sul letto di morte, perché a quel punto è probabile che ti ritroveresti anche a dover gestire il panico."

Quando siamo in preda alla paura, è molto difficile focalizzare la mente sul processo di guarigione. Per prima cosa dobbiamo prenderci il tempo necessario per dissolvere i nostri timori.

Se scegliamo di credere che siamo vittime impotenti e che non abbiamo speranza, allora l'Universo ci sosterrà nella nostra convinzione e falliremo. È fondamentale rilasciare queste idee e credenze assurde, vecchie e negative che non ci sostengono né ci arricchiscono. Anche ciò che pensiamo di Dio deve essere dalla nostra parte e non contro di noi.

Per lasciare andare il passato dobbiamo essere disposti a perdonare

Dobbiamo scegliere di lasciare andare il passato e perdonare gli altri, compresi noi stessi. Forse non sappiamo come fare, e magari non vogliamo, ma basta dire che siamo disposti a perdonare per innescare il processo di guarigione. È imperativo per la nostra stessa guarigione lasciare andare il passato e perdonare tutti.

"Ti perdono per non essere come vorrei. Ti perdono e ti libero."

Questa affermazione libera anche noi.

Tutte le malattie nascono da uno stato di non perdono

Quando siamo malati, dobbiamo sondare il nostro cuore per scoprire chi dobbiamo perdonare.

Il *Corso in miracoli* afferma: "Tutte le malattie nascono da uno stato di non perdono," e che "tutte le volte che ci ammaliamo, dobbiamo guardarci attorno per capire chi dobbiamo perdonare."

Vorrei aggiungere che la persona che ti sembra più difficile da perdonare è proprio quella che HAI PIÙ BISOGNO DI

LASCIARE ANDARE. Perdonare significa arrendersi, lasciare andare. Non vuol dire condonare un certo comportamento. Si tratta semplicemente di scrollarsi di dosso l'intera situazione. Non dobbiamo sapere COME perdonare. Tutto quello che dobbiamo fare è ESSERE DISPOSTI a farlo. L'Universo si occuperà delle modalità.

Comprendiamo molto bene il nostro dolore, ma fatichiamo a capire che anche LORO, quelli che più abbiamo bisogno di perdonare, hanno sofferto. Dobbiamo renderci conto che hanno fatto del loro meglio con la comprensione, la consapevolezza e la conoscenza di cui disponevano in quel momento.

Quando una persona viene da me con un problema, non mi preoccupo tanto di cosa sia, se un cattivo stato di salute, mancanza di soldi, relazioni insoddisfacenti o creatività repressa. C'è solo un aspetto su cui lavoro: l'AMORE PER SE STESSI.

Trovo che quando ci amiamo, ci accettiamo e ci APPREZZIAMO ESATTAMENTE COME SIAMO, tutto funziona nella nostra vita. È come se avvenissero continuamente dei piccoli miracoli. La salute migliora, le relazioni diventano più appaganti e iniziamo a esprimerci in modo più creativo e soddisfacente. Tutto questo sembra succedere senza il minimo sforzo.

Amare e apprezzare se stessi, creare uno spazio di sicurezza, avere fiducia, sentirsi degni e accoglienti produrrà ordine mentale, darà vita a relazioni più amorevoli, attrarrà un nuovo lavoro e un posto diverso e migliore in cui vivere, e permetterà anche al tuo peso corporeo di stabilizzarsi. Le persone che si vogliono bene e amano il proprio corpo non maltrattano né se stesse né gli altri.

L'apprezzamento e l'accettazione di sé nel presente sono le chiavi principali per i cambiamenti positivi in ogni area della vita.

Iniziamo ad amarci, secondo me, quando non ci critichiamo. Il giudizio negativo ci imprigiona proprio nello schema mentale che stiamo cercando di cambiare. Essere comprensivi e buoni con noi stessi ci aiuta a uscirne. Ricorda che ti critichi da anni e non ha funzionato. Cerca invece di apprezzarti e vedi cosa succede.

Nello spazio infinito della mia vita,
tutto è perfetto, integro e completo.
Credo nell'esistenza di un Potere superiore
che scorre attraverso di me in ogni momento della giornata.
Mi apro alla saggezza interiore, perché so che esiste
solo un'unica Intelligenza in questo Universo.
Da essa provengono tutte le risposte, tutte le soluzioni,
tutte le guarigioni, tutte le nuove creazioni.
Ho fiducia in questo Potere e in questa Intelligenza,
sapendo che tutto quello che devo sapere mi viene rivelato
e che tutto quello di cui ho bisogno mi viene dato nel momento,
nel luogo e nell'ordine giusti.
Va tutto bene nel mio mondo.

Parte Seconda

Una sessione con Louise

Capitolo Due

Qual è il problema?

È sicuro guardarsi dentro.

Il mio corpo non funziona

Fa male, sanguina, soffre, trasuda, si contorce, si gonfia, zoppica, invecchia, non vede, non sente, si sta deteriorando e così via. In più, aggiungici tutte le altre condizioni che hai creato. Penso di averne sentite di tutti i colori.

Le mie relazioni non funzionano

Le persone con cui mi relaziono sono opprimenti, assenti, esigenti, incapaci di sostenermi e di ascoltarmi, sempre pronte a criticarmi e a riprendermi, fredde, asfissianti, insofferenti, prevaricatrici e così via. In più, aggiungici tutte le altre condizioni che hai creato. Ebbene sì, ne ho sentite di ogni anche in questo caso.

La mia situazione economica non funziona

I soldi sono assenti, raramente abbondano, non sono mai abbastanza, sono fuori della mia portata, escono più velocemente di quanto entrino, non sono sufficienti per pagare le bollette, ho le mani bucate e così via. In più, aggiungici tutte le altre condizioni che hai creato. Ovviamente ne ho sentite tante.

La mia vita non funziona

Non riesco mai a fare ciò che desidero. Non riesco a far contento nessuno. Non so quello che voglio. Non ho mai tempo per me. I miei bisogni e i miei desideri vengono messi sempre in secondo piano. Faccio certe cose solo per compiacere gli altri. Sono solo uno zerbino. A nessuno importa quello che voglio fare io. Non ho nessuna dote particolare. Non ne faccio una giusta. Tutto quello che faccio è rimandare. Non me ne va bene una e così via. In più, aggiungici tutte le altre condizioni che hai creato. Ne ho sentite di tutti i colori e anche di più.

Quando chiedo a un cliente di raccontarmi che cosa stia succedendo nella sua vita, di solito ricevo una delle risposte che ho elencato sopra. Tutti credono di conoscere il problema. Ma io so che queste lamentele non sono che gli effetti esteriori di schemi mentali interiori, al di sotto dei quali ce n'è uno fondamentale che sta alla base di tutto.

Ascolto le parole che usano mentre rispondono alle mie semplici domande:

- Che cosa sta succedendo nella tua vita?
- Com'è la tua salute?
- Che lavoro fai?
- Ti piace il tuo lavoro?
- Com'è la tua situazione finanziaria?
- Com'è la tua vita sentimentale?
- Com'è finita la tua ultima relazione?
- E quella precedente? Com'è finita?
- Raccontami brevemente della tua infanzia.

Osservo la postura del corpo e la mimica facciale. Ma soprattutto ascolto le loro parole. I pensieri e le parole creano le nostre esperienze future. Mentre li ascolto, capisco subito il perché dei loro problemi specifici. Le parole che usiamo rivelano i nostri pensieri interiori e può capitare che non corrispondano alle esperienze descritte. Allora mi accorgo che le persone che ho davanti non sono veramente in contatto con quanto accade loro oppure stanno mentendo. Uno o l'altro di questi due assunti diventa il punto di partenza su cui costruire tutto il resto.

Esercizio: Dovrei

La mossa successiva è dare ai clienti carta e penna e chiedere loro di scrivere in cima a un foglio:

DOVREI…

____

____

____

____

____

I clienti devono completare la frase con cinque o sei possibilità. Ci sono persone che hanno qualche difficoltà a cominciare, mentre altre hanno così tante cose da scrivere che non riescono a fermarsi.

Poi chiedo di leggermi ciò che hanno scritto, una frase alla volta, iniziando con "Dovrei…". A ogni voce in elenco chiedo: "Perché?".

Le risposte che emergono sono interessanti e illuminanti, come:

- Me lo ha detto mia madre.
- Perché ho paura delle conseguenze.
- Perché devo essere perfetto.
- Be', tutti lo devono fare.
- Perché sono troppo pigro, troppo basso, troppo alto, troppo grasso, troppo magro, troppo stupido, troppo brutto, troppo insignificante.

Queste risposte mi rivelano dove si sono arenati nelle loro convinzioni e quali pensano che siano i loro limiti.

Non commento le risposte. Quando hanno finito di leggere, spiego loro il significato della parola DOVREI.

Vedi, ritengo che *dovrei* sia una delle parole più dannose della nostra lingua. Ogni volta che la usiamo, è come se ammettessimo che stiamo facendo qualcosa di "sbagliato". *Sbagliamo*, oppure *abbiamo sbagliato* oppure ancora *sbaglieremo*. Non penso sia necessario focalizzarci su ciò che vi è di sbagliato nella nostra vita. Dobbiamo avere maggiore libertà di scelta. Mi piacerebbe prendere la parola *dovrei* ed eliminarla dal vocabolario. La rimpiazzerei con *potrei*. Questo termine ci offre una scelta, senza sottintendere l'idea di essere sbagliati o di sbagliare.

Poi chiedo ai clienti di rileggere l'elenco una voce alla volta, iniziando però ciascuna frase dicendo: "Se davvero volessi, potrei................". Fare questo esercizio getta una nuova luce sull'argomento. Quando domando loro: "Perché non lo fai?", le risposte che mi danno sono diverse:

- Non voglio.
- Ho paura.
- Non so come fare.
- Perché non sono abbastanza bravo.

E così via.

Spesso scopro che si sono rimproverati per anni per qualcosa che non hanno mai voluto fare. Oppure si sono criticati a lungo per non aver fatto una cosa che poi, in fin dei conti, in verità non hanno mai avuto intenzione di fare. Il più delle volte erano gli altri a dire come "avrebbero dovuto" comportarsi. Quando lo capiscono, riescono a cancellare questa voce dalla lista dei "Dovrei". Che sollievo!

Pensa a chi svolge un lavoro che non gli piace solo perché i genitori gli hanno detto che "avrebbe dovuto" diventare dentista o insegnante. Quante volte ci siamo sentiti inferiori perché ci hanno detto che "avremmo dovuto" essere più intelligenti, ricchi o creativi proprio come quel nostro parente?

Quali frasi nel tuo elenco dei "Dovrei" potresti eliminare con un senso di sollievo?

Già solo analizzando questa breve lista, il punto di vista dei clienti sulla vita inizia a cambiare. Si rendono conto che non hanno mai voluto davvero occuparsi di molte delle cose che pensavano di dover fare e che erano mossi solo dal desiderio di compiacere gli altri. Ciò accade perché hanno paura o sentono di non essere abbastanza bravi.

A questo punto il problema inizia a trasformarsi. Ho innescato il processo di eliminazione del sentimento "essere sbagliati" perché non si corrisponde ai modelli degli altri.

Poi spiego loro la mia filosofia di vita, come ho fatto nel Capitolo Uno. Credo che la vita sia molto semplice. Ciò che diamo ci viene restituito. L'Universo asseconda ogni pensiero che scegliamo di fare e in cui decidiamo di credere. Quando siamo piccoli, impariamo come sentirci nei confronti di noi stessi e della vita attraverso le reazioni degli adulti attorno a noi. Le convinzioni apprese determineranno le esperienze che faremo da adulti. Tuttavia, abbiamo a che fare solo con schemi di pensiero, e *il punto di potere è sempre nel presente.* I cambiamenti possono avvenire in qualsiasi momento.

Amare se stessi

Poi continuo a spiegare loro che a prescindere dai problemi apparenti, c'è solo una cosa su cui lavorare: l'amore per se stessi. L'amore è la cura formidabile capace di fare miracoli nella nostra vita.

Non sto parlando di vanità, arroganza o presunzione (questi sentimenti non sono amore, bensì paura), ma di un grande rispetto per noi stessi e un senso di gratitudine per il miracolo del nostro corpo e della nostra mente.

Amare, per me, significa provare una tale riconoscenza da sentire il cuore traboccare. Provo amore per:

- il processo della vita;
- la gioia di essere vivo;
- la bellezza che vedo;
- un'altra persona;
- il sapere;
- il processo mentale;
- il corpo e il suo funzionamento;
- animali, uccelli, pesci;
- la natura in tutte le sue forme;
- l'Universo e il suo agire.

Che cosa puoi aggiungere a questa lista?

Vediamo invece alcuni dei modi in cui dimostriamo di non amare noi stessi:

- ci rimproveriamo di continuo;
- maltrattiamo il nostro corpo con cibo spazzatura, alcol e droga;
- scegliamo di credere di non meritare l'amore degli altri;
- abbiamo paura di stabilire un'adeguata ricompensa per il nostro servizio;
- sviluppiamo malattie e sofferenza nel nostro corpo;
- rimandiamo cose che ci farebbero bene;
- viviamo nel caos e nel disordine;
- creiamo debiti e fardelli da portare;
- attiriamo partner e amici che ci sminuiscono.

Quali sono i tuoi modi?

Negare la bontà che c'è in noi è un atto di non amore nei nostri confronti. Ricordo una cliente che portava gli occhiali; un giorno siamo riuscite a lasciare andare una vecchia paura che si portava dietro fin dall'infanzia. Il giorno successivo non riuscì a mettersi le lenti a contatto perché le davano fastidio e guardandosi attorno si rese conto di vederci perfettamente.

Tuttavia passò la giornata ripetendo: "Non ci credo, non ci credo." L'indomani dovette rimettersi le lenti. La nostra mente subconscia non ha il senso dell'umorismo. La cliente non riusciva a credere di aver recuperato una vista perfetta.

La *mancanza di autostima* è un'altra espressione della mancanza di amore per se stessi. Tom era un bravissimo artista e dipingeva sulle pareti di casa di gente facoltosa. Eppure, non si sa come, era sempre indietro col pagamento delle bollette. Si faceva pagare troppo poco rispetto al tempo che gli ci voleva per completare il lavoro. Chi offre un servizio o crea un prodotto unico può decidere il prezzo che vuole. Chi è ricco adora spendere, perché il denaro sborsato rappresenta il valore della cosa acquistata.

Ti faccio altri esempi:

- il nostro compagno è stanco e imbronciato e ci domandiamo che cosa abbiamo fatto di sbagliato;
- usciamo con un uomo che poi non ci chiama più e allora pensiamo che debba esserci qualcosa di sbagliato in *noi*;
- il nostro matrimonio finisce e siamo sicuri di aver fallito;
- abbiamo paura di chiedere l'aumento;
- il nostro corpo non corrisponde alle immagini su *Vogue* o *Cosmopolitan* e così ci sentiamo inferiori;
- non concludiamo quell'affare o non otteniamo quella parte e allora concludiamo che non siamo abbastanza bravi;
- abbiamo paura dell'intimità e di permettere agli altri di avvicinarsi troppo, così abbiamo rapporti sessuali occasionali;

- non prendiamo decisioni perché siamo certi di sbagliare.

E tu come esprimi la tua mancanza di autostima?

La perfezione dei neonati

Appena nato eri un essere perfetto. I neonati non devono fare nulla per essere perfetti; lo sono già e agiscono come se lo sapessero. Sanno di essere il centro dell'Universo. Non hanno paura di chiedere quello che vogliono. Esprimono liberamente le proprie emozioni. Capisci subito quando un neonato è arrabbiato, anzi a dire il vero se ne accorge tutto il vicinato! Capisci anche quando è felice, perché il suo sorriso illumina la stanza. I neonati sono pieni di amore.

Essi morirebbero se non lo ricevessero. Crescendo, impariamo a farne a meno, ma i neonati non potrebbero sopportarlo. Amano ogni parte del loro corpo, persino gli escrementi. Hanno un coraggio incredibile.

Anche tu eri così. Eravamo tutti così. Poi abbiamo dato ascolto agli adulti e alle loro paure, così abbiamo iniziato a negare la nostra perfezione.

Non credo mai ai miei clienti quando cercano di convincermi di quanto siano cattivi e indegni. Il mio lavoro consiste nel riportarli al tempo in cui sapevano come amare se stessi.

Esercizio: Lo specchio

Chiedo ai clienti di prendere uno specchietto, guardarsi negli occhi, dire il proprio nome e aggiungere: "Ti amo e ti accetto così come sei."

Per alcuni è un'impresa titanica! È raro che reagiscano in modo pacato, figuriamoci poi esserne entusiasti! C'è chi piange o è sul punto di farlo ma si trattiene; qualcuno si arrabbia, altri sminuiscono le proprie caratteristiche o qualità; altri ancora insistono nel dire che NON POSSONO farlo. C'è stato persino un signore che ha lanciato lo specchio dall'altra parte della stanza e voleva scappare via. Ci sono voluti parecchi mesi prima che riuscisse a usarne di nuovo uno.

Per anni mi sono guardata allo specchio solo per criticarmi. Se ripenso alle ore passate a strapparmi le sopracciglia cercando di rendermi minimamente accettabile mi viene da ridere. Ricordo che mi faceva paura guardarmi negli occhi.

Questo semplice esercizio mi permette di cogliere molti dettagli. In meno di un'ora, riesco ad arrivare ad alcune questioni fondamentali che stanno sotto al problema apparente. Se lavorassimo solo su ciò che ci preoccupa, passeremmo ore e ore ad analizzare ogni dettaglio e nell'istante in cui saremmo certi di aver "sistemato tutto", il problema verrebbe fuori da un'altra parte.

Raramente "il problema" è la questione di cui occuparsi

Una cliente era molto preoccupata del suo aspetto, soprattutto dei denti. Passava da un dentista all'altro convinta di non riuscire a migliorare la sua immagine. Si fece la plastica al naso, ma il risultato fu deludente. Ogni intervento rifletteva la sua convinzione di essere brutta. Il suo problema non era l'aspetto fisico, ma la convinzione che ci fosse qualcosa di sbagliato in lei.

Un'altra cliente soffriva di alitosi ed era veramente fastidioso starle vicino. Studiava per diventare ministro del culto e il suo contegno era pio e spirituale. Ma sotto la superficie covava rabbia e gelosia che emergevano violentemente quando pensava che qualcuno potesse minacciare la sua posizione. I suoi pensieri reconditi trovavano espressione nell'alito e in questo modo si rendeva offensiva anche quando si sforzava di essere dolce e amorevole.

Poi c'è stato un ragazzo, aveva solo quindici anni quando sua madre lo portò da me; era affetto dal morbo di Hodgkin e gli restavano solo tre mesi da vivere. La donna era comprensibilmente nervosa e intrattabile, ma il ragazzo era brillante e intelligente e voleva vivere. Era disposto a fare tutto quello che avrei detto, compreso cambiare il modo di parlare e pensare. I suoi genitori si erano separati e litigavano continuamente, e lui non aveva una vita familiare stabile.

Desiderava ardentemente diventare un attore. La ricerca di notorietà e successo era più importante della capacità di essere felice. Pensava che sarebbe stato degno dell'amore degli altri solo se avesse avuto fama e successo. Gli insegnai ad amarsi e ad accettarsi e migliorò. Ormai è un uomo e compare con regolarità negli show di Broadway. Aver imparato a provare la gioia di essere se stesso gli ha permesso di ottenere delle parti.

Il sovrappeso è un altro buon esempio di come possiamo sprecare molta energia cercando di correggere un problema che non è quello reale. Ci sono persone che lottano contro il grasso senza riuscire mai a dimagrire. Ritengono che il sovrappeso sia la causa di tutti i loro guai. Io sono convinta che dipenda sempre dalla paura e dal bisogno di protezione. Quando abbiamo paura o ci sentiamo insicuri e inadeguati, molti di noi ingrassano come forma di protezione.

Passare il tempo rimproverandoci perché siamo troppo grassi, sentirci in colpa per ogni boccone di cibo ingerito, dare i numeri se mettiamo su peso è solo fatica sprecata. Tra vent'anni potremmo ritrovarci nella stessa situazione perché, non affrontando il vero problema, potremmo aver soltanto incrementato la nostra paura e insicurezza, spingendoci ad aumentare di peso come meccanismo di protezione.

Mi rifiuto di concentrarmi sull'eccesso di peso o sulle diete, perché le diete non funzionano, fatta eccezione per quelle a livello mentale, il che significa astenersi dai pensieri negativi. Dico ai clienti: "Mettiamo un attimo da parte la questione e lavoriamo su altre cose."

Spesso i clienti mi dicono che non riescono a volersi bene perché sono troppo grassi, oppure, come mi disse una volta una ragazza, "troppo rotonda ai bordi". Spiego loro che sono così proprio perché non si amano. Quando iniziamo ad amarci e ad apprezzarci, una quantità incredibile di grasso svanisce dai nostri corpi.

A volte i clienti se la prendono con me quando spiego loro quanto sia facile cambiare vita. Sembra che non capisca i loro problemi. Una donna ne fu turbata: "Sono venuta qui per farmi aiutare con la tesi di laurea, non per imparare ad amarmi." Per me invece era evidente che il suo problema principale fosse l'odio che provava per se stessa e che permeava ogni parte della sua vita, compresa la stesura della tesi. Non sarebbe riuscita a combinare nulla finché continuava a sentirsi priva di qualità.

Non volle ascoltarmi e se ne andò via in lacrime, per poi tornare un anno dopo con lo stesso problema più molti altri. Alcune persone non sono pronte, e non intendo giudicarle per questo. Iniziamo a fare cambiamenti nel momento, nel luogo e nell'ordine giusti per noi. Io stessa ho iniziato quando avevo già superato i quarant'anni.

Il vero problema

Così il cliente si guarda nello specchietto innocuo e resta sconvolto. Io sorrido deliziata e dico: "Bene, adesso sì che stiamo affrontando il 'vero problema'; adesso possiamo sbarazzarci di ciò che ci intralcia." Parlo molto di come amare se stessi, di come per me si debba cominciare dal non criticarsi mai.

Osservo le loro facce quando chiedo se si rimproverano. Le loro reazioni mi rivelano molte cose.

- Be', sì, naturalmente.
- Sempre.
- Non tanto come prima.
- Be', come faccio a cambiare se non faccio un po' di autocritica?
- Non lo fanno tutti?

A quest'ultima affermazione rispondo: "Non stiamo parlando di 'tutti', stiamo parlando di te. Perché ti critichi? Cosa c'è che non va in te?".

Mentre parlano, trascrivo quel che dicono in un elenco. Spesso esso coincide con la loro lista dei "Dovrei". Sentono di essere troppo alti, troppo bassi, troppo grassi, troppo magri, troppo stupidi, troppo vecchi, troppo giovani, troppo brutti (di solito sono proprio le persone più belle e affascinanti a dirlo). Oppure sono troppo in ritardo, o in anticipo, o troppo pigri e così via. Nota che si tratta sempre di essere "troppo" qualcosa.

Alla fine però arrivano al problema di fondo e ammettono: "Non sono abbastanza bravo."

Evviva! Finalmente siamo giunti al nocciolo della questione. Si rimproverano perché hanno imparato a credere che "non sono abbastanza bravi". I clienti restano sempre sorpresi dalla velocità con cui arriviamo a questo punto. Da qui in avanti non c'è più bisogno di preoccuparci degli effetti collaterali, cioè dei disturbi fisici o delle difficoltà relazionali, economiche o creative. Possiamo impiegare tutte le nostre energie per eliminare la causa del vero problema: "NON AMARE SE STESSI."

Nello spazio infinito della mia vita,
tutto è perfetto, integro e completo.
Sono sempre protetto e guidato dal Divino.
È sicuro per me guardarmi dentro.
È sicuro per me guardare nel passato.
È sicuro per me allargare il mio punto di vista sulla vita.
Sono molto di più della mia personalità passata, presente e futura.
Adesso scelgo di sollevarmi al di sopra dei miei problemi personali e
di riconoscere la perfezione del mio essere.
Voglio imparare ad amare me stesso.
Va tutto bene nel mio mondo.

Capitolo Tre

Da dove viene?

Il passato non ha potere su di me.

Molto bene! Abbiamo esaminato tanti aspetti e abbiamo considerato con attenzione quello che *pensavamo* fosse il problema. Adesso però abbiamo capito qual è quello vero. Sentiamo di non essere abbastanza bravi e non ci amiamo. Per come mi approccio alla vita, se c'è un problema allora si tratta proprio di questo. Cerchiamo di capire da dove viene.

Com'è possibile che ci siamo trasformati da neonati consapevoli della propria perfezione e di quella della vita, in persone piene di problemi, che sentono di non valere niente e di non meritare amore? Chi si ama già può arrivare ad amarsi ancora di più.

Pensa allo sviluppo di una rosa a partire da quando è ancora un timido bocciolo. Fiorendo nel pieno del suo splendore e fino all'ultimo petalo, essa è sempre bella, sempre perfetta, sempre in mutamento. Lo stesso vale per noi. Siamo sempre perfetti, sempre belli, sempre in mutamento. Facciamo del nostro meglio con la comprensione, la consapevolezza e la conoscenza che abbiamo. Mano a mano che acquistiamo maggiore comprensione, consapevolezza e conoscenza agiamo in modo diverso.

Pulizie mentali

È giunto il momento di esaminare il nostro passato più in profondità e di considerare alcune delle credenze che ci hanno guidato finora.

Ci sono persone che trovano questa fase del processo di purificazione molto dolorosa, ma non è detto che lo sia. Dobbiamo semplicemente constatare di cosa si tratta per poterla eliminare.

Se vuoi fare ordine in una stanza, devi prendere tutto quello che vi sta dentro ed esaminarlo. Ci sono cose che guarderai con amore e che spolvererai o luciderai affinché tornino all'antico splendore. Ne noterai altre che hanno bisogno di essere aggiustate o rifinite, e ti farai un promemoria per ricordartene. Altre ancora non ti serviranno più e sarà il momento giusto per eliminarle, come per esempio vecchie riviste e giornali, che lascerai cadere nella spazzatura senza battere ciglio. Non c'è nessuna ragione di arrabbiarsi quando si riordina una stanza.

Lo stesso accade quando facciamo le nostre pulizie mentali. Non è il caso di arrabbiarsi perché alcune delle credenze presenti sono pronte per essere eliminate. Lasciale andare con la stessa facilità con cui svuoteresti gli avanzi del pasto dentro alla pattumiera. Rovisteresti nella spazzatura di ieri per preparare la cena di stasera? Rovisteresti nella spazzatura *mentale* per creare le tue esperienze future?

Se un pensiero o una credenza non ti servono più, liberatene! Non c'è nessuna legge scritta secondo la quale, se hai creduto in qualcosa in passato, devi continuare a farlo per sempre.

Analizziamo alcune convinzioni limitanti e vediamo da dove vengono:

Convinzione limitante: Non sono abbastanza bravo.

Da dove viene: Tuo padre continuava a dirti che eri stupido.

Un mio cliente diceva di voler riuscire nella vita così suo papà sarebbe stato fiero di lui. Ma il forte senso di colpa che provava ha generato in lui il risentimento, ed è stato un fallimento dietro l'altro. Il padre ha continuato a finanziare le sue attività, e sono tutte finite male. Ha fatto ricorso al fallimento per pareggiare i conti col padre. Gliel'ha fatta pagare, in tutti i sensi. Ovviamente, è stato *lui* a perderci di più.

Convinzione limitante: Mancanza di amore per sé.

Da dove viene: Cercare di conquistare l'approvazione del padre.

L'ultima cosa che avrebbe voluto una mia cliente era diventare come suo padre. Non erano d'accordo su niente e litigavano in continuazione. Lei voleva la sua approvazione, invece riceveva solo critiche. Il suo corpo era pieno di dolori. E suo padre provava la stessa sofferenza fisica. Non si rendeva conto che era la rabbia a causarle il dolore, proprio come avveniva a suo padre.

Convinzione limitante: La vita è pericolosa.

Da dove viene: Un padre spaventato.

Un'altra cliente pensava che la vita fosse dura e grama. Per lei era difficile ridere, e quando lo faceva aveva paura che accadesse qualcosa di "brutto" perché era cresciuta con la convinzione che se avesse riso, "qualcuno" l'avrebbe portata via.

Convinzione limitante: Non sono abbastanza bravo.

Da dove viene: Essere abbandonato e ignorato.

Per un mio cliente era difficile parlare. Il silenzio era diventato un modus vivendi per lui. Era appena uscito dal tunnel della droga e dell'alcol ed era convinto di essere una pessima persona. Scoprii che sua madre era morta quando lui era molto piccolo, e che era stato cresciuto da una zia. La zia parlava di rado e solo per dare ordini, così lui fu allevato nel silenzio. Mangiava persino in silenzio e giorno dopo giorno se ne stava da solo nella sua stanza. S'innamorò di un uomo, anch'egli un tipo silenzioso, e i due passavano la maggior parte del tempo senza parlare. Poi l'uomo morì e fu di nuovo solo.

Esercizio: Messaggi negativi

Prendi un bel foglio di carta e fai un elenco di tutte le cose che, secondo i tuoi genitori, erano sbagliate in te. Quali messaggi negativi hai ricevuto? Prenditi il tempo per ricordarne il maggior numero possibile. Di solito basta una mezz'ora.

Che cosa dicevano dei soldi? E del tuo corpo? Che cosa dicevano dell'amore e delle relazioni? Che cosa dicevano delle tue doti creative? Quali frasi limitanti o negative ti hanno detto?

Se riesci, ripensaci in modo obiettivo e dì a te stesso: "Ecco da dove viene questa convinzione."

Adesso prendi un altro foglio e vai un pochino più a fondo. Quali altri messaggi negativi hai ricevuto da piccolo?

Dai parenti ______________________________
Dagli insegnanti __________________________
Dagli amici ______________________________
Da figure autoritarie _______________________
Dalla Chiesa _____________________________

Scrivili tutti. Prenditi il tempo necessario. Sii consapevole dei sentimenti che suscitano in te.

Ora su questi due fogli ci sono i pensieri che vanno rimossi dalla tua coscienza. Sono le convinzioni che non ti fanno sentire abbastanza bravo.

Vediti come un bambino

Se prendessimo un bambino di tre anni, lo mettessimo al centro della stanza e iniziassimo a urlargli che è uno stupido, che non ne fa una giusta, che deve fare questo e non deve fare quest'altro, e di guardare al pasticcio che ha combinato… e se lo picchiassimo, be', alla fine avremmo un bambino spaventato che se ne sta seduto buono zitto in un angolo, o che distrugge tutto quello che gli capita a tiro. Il bambino si comporterebbe in uno di questi due modi, ma noi non conosceremmo mai il suo vero potenziale.

Se prendessimo lo stesso bambino e gli dicessimo quanto lo amiamo, quanto teniamo a lui, quanto lo troviamo bello, vivace e intelligente, quanto amiamo il suo modo di fare e che non c'è problema se sbaglia perché è proprio dagli errori che può imparare, e che ci saremo sempre per lui, a prescindere da tutto... allora il potenziale che il bambino sarebbe in grado di esprimere ci lascerebbe senza fiato!

Ciascuno di noi ha dentro di sé un bambino di tre anni e spesso passiamo la maggior parte del tempo a rimproverarlo. E poi ci domandiamo come mai le nostre vite non funzionino.

Se avessi un amico che non fa altro che criticarti avresti voglia di stare in sua compagnia? Forse sei stato trattato così da piccolo, ed è una cosa triste. Tuttavia è successo tanto tempo fa, e se adesso scegli di trattarti allo stesso modo è ancora più triste.

Quindi, ora abbiamo davanti una lista dei messaggi negativi che abbiamo ricevuto da bambini. Quali di queste voci corrispondono a ciò che *tu stesso* credi ci sia di sbagliato in te? Coincidono quasi tutte? Probabilmente sì.

Basiamo il copione della nostra vita su quei precoci messaggi. Siamo tutti bravi bambini e accettiamo ubbidienti quello che "loro" ci propinano come verità. È facile dare la colpa ai genitori e fare le vittime per il resto della nostra vita. Ma non sarebbe un gran divertimento e sicuramente non ci farebbe uscire da questa posizione paralizzante.

Biasimare la propria famiglia

Biasimare, scaricare la colpa sugli altri è il modo più sicuro per rimanere bloccati nel problema. Incolpando qualcun altro, gli cediamo anche il nostro potere. La comprensione ci permette di innalzarci sopra la questione che ci angustia e di prendere il controllo sul nostro futuro.

Il passato non può essere cambiato. Il futuro però prende forma dai pensieri che facciamo nel presente. È imperativo per la nostra libertà capire che i nostri genitori hanno fatto del loro meglio con la comprensione, la consapevolezza e la conoscenza di cui disponevano. Tutte le volte che biasimiamo qualcun altro, non ci assumiamo la nostra responsabilità.

Le persone che ci hanno fatto tanto male erano spaventate e impaurite quanto lo sei tu adesso. Sentivano la tua stessa impotenza. Le sole cose che potevano insegnarti erano quelle che avevano imparato a loro volta.

Conosci i particolari dell'infanzia dei tuoi genitori, soprattutto prima dei dieci anni? Se puoi ancora farlo, chiedi loro di raccontarteli. Se riesci a scoprire qualcosa di più, capirai perché si sono comportati in un certo modo con te. La comprensione ti ispirerà compassione.

Se non ne sai molto e non hai la possibilità di approfondire, prova a immaginare come deve essere stata. Che tipo di infanzia può aver creato adulti del genere?

Hai bisogno di queste informazioni per raggiungere la libertà. Non puoi essere libero fintanto che non liberi loro. Non puoi perdonare te stesso fintanto che non perdoni loro. Se pretendi da loro la perfezione, allora la pretenderai anche da te stesso, e sarai infelice per tutta la vita.

Scegliere i propri genitori

Concordo con la teoria secondo la quale siamo noi a scegliere i nostri genitori. Le lezioni che apprendiamo sembrano combaciare perfettamente con le loro "debolezze".

Ritengo che siamo tutti in un viaggio senza fine attraverso l'eternità. Siamo venuti al mondo per imparare lezioni specifiche, necessarie per la nostra evoluzione spirituale. Scegliamo il sesso di appartenenza, il colore della pelle, il Paese dove nascere e poi ci guardiamo attorno in cerca della coppia di genitori che "rispecchierà" i nostri schemi.

La permanenza sulla Terra è un po' come andare a scuola. Se vuoi diventare estetista, frequenti un corso adatto. Se vuoi diventare meccanico, ti iscrivi in una scuola professionale. Se vuoi diventare avvocato, studi giurisprudenza. I genitori che hai scelto in questa vita sono una perfetta coppia di "esperti" di ciò che hai scelto di imparare.

Quando cresciamo, tendiamo a puntare il dito contro di loro accusandoli: "Siete stati voi a farmi questo!". Ma io credo che siamo noi a sceglierli.

Ascoltare gli altri

Quando siamo piccoli, i fratelli e le sorelle maggiori sono come delle divinità per noi. Se erano tristi, probabilmente si rifacevano su di noi fisicamente o a parole. Potrebbero avere detto frasi del genere: "Glielo dico che…", oppure, instillando in noi il senso di colpa: "Tu non puoi, sei solo un bambino", o ancora: "Sei troppo stupido per giocare con noi."

Anche gli insegnanti che abbiamo avuto a scuola ci hanno influenzato enormemente. Quando ero in quinta elementare, una maestra mi disse con enfasi che ero troppo alta per fare la ballerina. Io le credetti all'istante e chiusi nel cassetto le mie ambizioni finché non fui troppo vecchia per intraprendere quella carriera.

Ti rendevi conto del fatto che gli esami e i voti servivano solo a vedere quante informazioni avevi immagazzinato in un dato momento, oppure erano il metro con cui stabilivi il tuo valore personale?

Anche i nostri amici hanno condiviso con noi le loro informazioni sbagliate sulla vita. A scuola può essere capitato che siamo stati derisi e ciò ha lasciato in noi ferite ancora aperte. Quando ero piccola, il mio cognome era Lunney e i bambini mi chiamavano "lunatica".

Anche i vicini di casa ci influenzano, non solo attraverso quello che dicono, ma anche perché siamo indotti a domandarci che cosa penserebbero di noi se facessimo una certa cosa.

Ripensa ad altre eventuali figure autoritarie che hanno influito sulla tua infanzia.

E poi, ovviamente, ci sono le affermazioni forti e persuasive fatte dalle pubblicità sui giornali e alla televisione. Si vendono fin troppi prodotti facendo leva sul nostro senso di inferiorità, inducendoci a credere che siamo sbagliati se non li usiamo.

* * *

Siamo qui per trascendere i limiti dell'infanzia, qualsiasi essi siano. Siamo qui per riconoscere la nostra bellezza e divinità, a prescindere da quello che ci è stato detto all'inizio. Hai le tue credenze negative da superare, e io ho le mie.

Nello spazio infinito della mia vita,
tutto è perfetto, integro e completo.
Sono sempre protetto e guidato dal Divino.
Il passato non ha alcun potere su di me
perché sono disposto a imparare e a cambiare.
Considero il passato necessario perché mi ha condotto fino a qui.
A partire da dove mi trovo adesso, sono disposto
a ripulire e a fare ordine nelle stanze della mia casa mentale.
So che non conta da dove comincio,
quindi adesso parto dalle stanze più piccole e facili,
così vedrò subito dei risultati.
Sono eccitato all'idea di trovarmi
nel bel mezzo di questa avventura,
perché so che non ripeterò più questa particolare esperienza.
Sono pronto a liberarmi.
Va tutto bene nel mio mondo.

Capitolo Quattro

È vero?

La verità è la parte immutabile di me.

La domanda "È vero o reale?" ha due risposte: sì o no. È vero se credi che lo sia. Non lo è se credi che non lo sia. Il bicchiere è sia mezzo pieno che mezzo vuoto, dipende da come lo vedi. Ci sono letteralmente miliardi di pensieri che possiamo scegliere di fare.

La maggior parte di noi opta per gli stessi pensieri dei genitori, ma non siamo costretti a continuare a farlo. Non esiste una legge che dice che possiamo pensare solo in un modo.

Qualsiasi cosa io scelga di credere diventa la mia realtà. Qualsiasi cosa tu scelga di credere diventa la tua realtà. I nostri pensieri possono essere completamente differenti. Le nostre vite e le esperienze che facciamo sono del tutto diverse.

Esamina i tuoi pensieri

Qualsiasi cosa riteniamo vera diventa la nostra realtà. Se hai un improvviso tracollo finanziario, significa che a un certo livello potresti essere convinto di non meritare il benessere economico, oppure pensi di avere fardelli e conti in sospeso che gravano su di te. Oppure ritieni che la felicità non possa durare in eterno, e che la vita ti aspetti al varco, o come sento dire spesso: "Non posso farcela."

Se non riesci a costruire una relazione, forse hai convinzioni del tipo: "Nessuno mi ama" oppure "Non merito amore." Forse hai paura di essere dominato com'è successo a tua madre, oppure pensi: "Gli altri mi feriscono sempre."

Se hai un cattivo stato di salute, i tuoi pensieri potrebbero essere questi: "La mia famiglia è soggetta alle malattie." Oppure che sei vittima dei cambiamenti atmosferici. O magari: "Sono nato per soffrire" o "Me ne capita una dietro l'altra."

O forse si tratta di qualcos'altro di cui magari non sei nemmeno consapevole. Per la maggior parte delle persone è così: le circostanze esterne sono considerate ineluttabili. Finché qualcuno non ti mostra il legame tra esperienze esteriori e pensieri interiori, rimarrai vittima delle circostanze.

PROBLEMA	**CONVINZIONE**
Tracollo finanziario	Non merito di avere denaro
Nessun amico	Nessuno mi ama
Problemi al lavoro	Non sono abbastanza bravo
Compiacere sempre gli altri	Non si fa mai niente a modo mio

A prescindere da quale sia la questione, essa deriva da uno schema di pensiero e *gli schemi di pensiero possono essere cambiati!*

Tutti i problemi con cui lottiamo e ci barcameniamo per tutta la vita potrebbero sembrare reali, tanto da viverli *come se* lo fossero. Tuttavia, a prescindere da quanto possa essere difficile la situazione in cui ci troviamo, essa non è che il risultato o l'effetto esteriore di uno schema di pensiero interiore.

Se non hai idea di quali siano i pensieri che creano i tuoi guai, hai tra le mani lo strumento giusto per capirlo, perché questo libro è stato ideato per aiutarti a scoprirlo. Pensa ai problemi che stai vivendo. Chiediti: "Quali sono i pensieri che li generano?".

Se ti concedi il tempo per sederti a riflettere e per farti questa domanda, la tua Intelligenza Interiore ti mostrerà la risposta.

È solo una convinzione appresa da bambini

Alcune nostre convinzioni sono positive e arricchenti. Sono pensieri utili che ci servono sempre nella vita, come: "Guarda da entrambi i lati prima di attraversare la strada." All'inizio i nostri pensieri sono molto utili, ma crescendo non sono più adatti. "Non fidarti degli sconosciuti" può essere un buon consiglio per un bambino piccolo, ma per un adulto continuare a crederlo non farà altro che determinare isolamento e solitudine.

Ci capita raramente di sederci e chiederci: "Ma è proprio vero?". Per esempio, perché credo in cose come: "Faccio fatica a imparare"?

Le domande migliori da farsi sono: "Questa convinzione è ancora valida per me oggi?"; "Da dove viene?"; "Continuo a crederci perché un maestro delle elementari non ha fatto altro che ripetermelo?"; "Non starei meglio se la lasciassi andare?".

Credenze come: "I maschietti non piangono" e "Le bambine non si arrampicano sugli alberi" creano uomini che nascondono i propri sentimenti e donne che hanno paura di essere concrete e fisiche.

Se da bambini ci hanno insegnato che il mondo è un posto di cui avere paura, allora prenderemo per vera qualsiasi informazione che si sposi con questa convinzione originaria. Lo stesso vale per "Non fidarti degli estranei"; "Non uscire di notte"; "La gente ti vuole fregare."

D'altro canto, se fin da piccoli ci hanno insegnato che il mondo è un posto sicuro, avremo convinzioni diverse. Accetteremo facilmente l'idea che l'amore sia dappertutto, che siamo tutti amici e che possiamo ottenere sempre ciò di cui abbiamo bisogno.

Se da bambino ti hanno inculcato l'idea che fosse sempre colpa tua, da adulto proverai un enorme senso di colpa a prescindere da quello che ti succede. Questa convinzione ti trasformerà in una persona che chiede sempre scusa.

Se da piccolo ti hanno inculcato l'idea che non conti nulla, da adulto ti ritroverai sempre tra gli ultimi, proprio com'è successo a me quando sono rimasta senza fetta di torta (vedi *La mia storia*,

Capitolo Sedici). A volte ti sentirai invisibile quando gli altri non si accorgeranno di te.

Gli eventi della tua infanzia ti hanno portato a credere che nessuno ti ama? Allora certamente ti sentirai solo. E se anche avrai un amico o una relazione, sarà per poco.

La tua famiglia ti ha insegnato che non ce n'è abbastanza per tutti? Allora sono sicura che spesso hai la sensazione che la dispensa sia vuota, oppure che fai fatica a sbarcare il lunario o che sei pieno di debiti.

Un mio cliente era cresciuto in una famiglia in cui si lamentavano di tutto e si aspettavano sempre il peggio. La sua più grande gioia era giocare a tennis ma poi si fece male al ginocchio. Passò da un dottore all'altro ma non faceva che peggiorare. Alla fine non poté più giocare.

Un altro cliente, figlio di un predicatore, fu allevato con l'idea che gli altri venissero sempre prima. La sua famiglia doveva essere considerata sempre per ultima. Oggi è un portento nell'aiutare gli altri a ottenere gli affari migliori, ma lui è sempre pieno di debiti e non ha mai un soldo in tasca. La sua convinzione lo lascia sempre per ultimo.

Se ci credi, per te è reale

Quante volte abbiamo detto: "Sono fatto così" oppure "È così che vanno le cose"? Nello specifico, queste parole dicono solo ciò che *crediamo* essere vero. Di solito, prestiamo fede alle opinioni che abbiamo incorporato nel nostro sistema di convinzioni e che si adattano bene a tutte le altre cose in cui crediamo.

Sei uno dei tanti che si alza la mattina, vede che piove e dice: "Oh, che giornata orrenda!"?

Non è una giornata orrenda. È solo una giornata umida e piovosa. Se indossiamo i vestiti adatti e cambiamo atteggiamento, possiamo anche divertirci molto. Se siamo convinti che i giorni di pioggia siano orrendi, allora accoglieremo sempre la pioggia con il cuore triste. Opporremo resistenza alla giornata invece di lasciarla scorrere e goderci quello che accade.

Se vogliamo una vita felice, dobbiamo avere pensieri felici. Se desideriamo una vita prospera, devono esserlo anche i nostri pensieri. Se vogliamo una vita colma d'amore, dobbiamo fare pensieri pregni d'amore. *Qualsiasi messaggio inviamo con la mente o a parole ci ritornerà indietro concretamente.*

Ogni istante è un nuovo inizio

Lo ripeto, il punto di potere è sempre nel presente. Non sei *mai* bloccato. È nel momento attuale che avvengono i cambiamenti, proprio qui, adesso, nella tua mente! Non importa da quanto tempo abbiamo uno schema mentale negativo, una malattia, una relazione insoddisfacente, problemi economici o odio nei nostri confronti. Possiamo iniziare a cambiare oggi stesso!

Non è necessario che ciò che ti preoccupa diventi la tua realtà. Ora può svanire nel nulla da cui è venuto. Puoi riuscirci.

Ricorda: sei la sola persona che pensa nella tua mente! Sei tu a detenere il potere e l'autorità nel tuo mondo! Le convinzioni del passato hanno creato questo momento, e tutti i precedenti. Quello che scegli di credere, di pensare e di dire adesso creerà il momento successivo, l'indomani, il prossimo mese e l'anno venturo.

Sì, tocca proprio a te, mio caro! Posso darti i miei migliori consigli, attingendo alla mia lunga esperienza, ma se hai deciso di farlo, continuerai a scegliere gli stessi vecchi pensieri, ti rifiuterai di cambiare e tutti i tuoi problemi resteranno con te.

Sei tu a detenere il potere nel tuo mondo! Ottieni tutto quello che scegli di pensare!

Questo istante dà inizio al nuovo processo. Ogni istante è un nuovo inizio e questo istante rappresenta un nuovo inizio per te proprio qui, adesso! Non è magnifico rendersene conto? Quest'attimo è il punto di potere, è dove inizia il cambiamento!

Lo vuoi davvero?

Fermati un attimo e analizza il tuo pensiero. A che cosa stai pensando proprio in questo momento? Se è vero che i pensieri plasmano la tua vita, vorresti davvero che ciò a cui stai pensando adesso diventasse realtà? Se si tratta di qualcosa che ha a che fare con la preoccupazione o la rabbia o il dolore o la vendetta o la paura, sotto quale forma pensi che possa tornarti indietro?

Non è sempre facile cogliere i propri pensieri perché si muovono molto velocemente. Tuttavia, possiamo cominciare fin da ora a osservare e ascoltare quello che diciamo. Se ti senti esprimere parole negative di qualsiasi genere, fermati a metà e riformula la frase, oppure abbandonala. Puoi persino dirle: "Fuori!".

Immagina di essere in coda al bar, oppure al buffet di un albergo di lusso, dove al posto delle pietanze trovi piatti pieni di pensieri. Puoi scegliere tutti quelli che vuoi. Essi determineranno le tue esperienze future.

Ora, sarebbe piuttosto stupido scegliere pensieri che potrebbero crearci problemi e sofferenza. Sarebbe come optare per un cibo che ci fa sempre stare male. Possiamo farlo una o due volte, ma non appena capiamo che il nostro corpo non lo tollera, ne stiamo alla larga. È lo stesso con i pensieri. Teniamoci alla larga da quelli che creano problemi e sofferenza.

Uno dei miei primi maestri, il dottor Raymond Charles Barker, mi ripeteva sempre: "Quando c'è un problema, non c'è qualcosa da fare, ma qualcosa da sapere."

La mente, il pensiero, creano il nostro futuro. Se nel presente c'è qualcosa che ci rende infelici, allora dobbiamo usare la mente per cambiare la situazione. E possiamo cominciare fin da subito.

Vorrei tanto che nelle scuole venisse insegnata la materia "Funzionamento del pensiero". Non ho mai capito quale sia il senso di far memorizzare ai bambini montagne di dati. Mi sembra proprio uno spreco di energia mentale. Invece, potremmo insegnare loro materie importanti come Funzionamento della mente, Gestione delle proprie finanze, Investire il proprio denaro, Tecniche genitoriali, Relazioni interpersonali e Creare e alimentare la propria autostima.

Riesci a immaginare come sarebbe una generazione di adulti che avesse appreso queste informazioni a scuola, insieme a quelle standard? Pensa a come si manifesterebbero nella realtà tutte queste verità! Saremmo circondati da gente felice che si sente bene con se stessa, persone economicamente floride che contribuirebbero all'economia investendo con saggezza il proprio denaro. Avrebbero buone relazioni con tutti e sarebbero a loro agio nel ruolo di genitori, dando vita a un'altra generazione di persone che stanno bene con se stesse. In questo contesto, ognuno resterebbe comunque un individuo che esprime la propria creatività.

Non c'è tempo da perdere. Continuiamo dunque con il nostro lavoro.

Nello spazio infinito della mia vita,
tutto è perfetto, integro e completo.
Sono sempre protetto e guidato dal Divino.
Decido di non credere più alle vecchie limitazioni e mancanze.
Adesso scelgo di iniziare a vedermi così come mi vede l'Universo:
perfetto, integro e completo.
La verità del mio essere è che sono stato creato
perfetto, integro e completo.
Adesso scelgo di vivere partendo da questa consapevolezza.
Sono nel posto giusto, al momento giusto e sto facendo la cosa giusta.
Va tutto bene nel mio mondo.

Capitolo Cinque

Cosa facciamo ora?

Riconosco i miei schemi mentali
e scelgo di fare dei cambiamenti.

Decidere di cambiare

Molte persone reagiscono alzando le mani, atterrite dal caos delle loro vite, e si arrendono. Altre invece si arrabbiano con se stesse prima di arrendersi anche loro.

Con il termine "arrendersi" intendo "decidere che sia inutile provarci perché non c'è speranza di poter cambiare". Quindi le persone "restano così come sono": almeno sanno come gestire il proprio dolore perché ormai è diventato familiare, malgrado non sia piacevole, e si aggrappano alla speranza che non peggiori ulteriormente.

Per me, essere in uno stato di rabbia costante è come stare seduti in un angolo con un cappello d'asino in testa. È un'immagine a te familiare? Succede una cosa e ti arrabbi. Ne succede un'altra e ti arrabbi di nuovo e così via; ma oltre ad arrabbiarti non fai altro. A che pro? È sciocco sprecare il tuo tempo infuriandoti e basta. Significa rifiutarsi di percepire la vita in un modo nuovo e diverso.

Sarebbe molto più utile che ti chiedessi come mai crei così tante situazioni che suscitano la tua rabbia.

Quale pensi sia la causa di tutta questa frustrazione? Quali messaggi comunichi che spingono gli altri a irritarti? Perché credi che per fare le cose a modo tuo debba per forza arrabbiarti?

Ciò che dai ti ritorna indietro. Più esprimi rabbia, più crei le circostanze che ti portano a infuriarti, ed è proprio come stare seduti in un angolo con il cappello d'asino: non serve a niente.

Quello che hai letto in questo paragrafo ti ha fatto arrabbiare? Bene! Significa che ho centrato il problema e magari adesso sei disposto a cambiare.

Prendi la decisione di "essere disposto a cambiare"!

Se vuoi capire quanto sei testardo, è sufficiente che pensi all'idea di *essere disposto a cambiare*. Tutti vogliamo che le nostre vite si trasformino, che le situazioni migliorino e si appianino, ma non vogliamo apportare cambiamenti in prima persona. Preferiamo di gran lunga che siano gli altri a farlo. Ma affinché ciò accada, *dobbiamo cambiare dentro di noi*. Dobbiamo modificare il modo di pensare, di parlare, di esprimerci. Solo allora i cambiamenti avverranno anche fuori.

Questo è il passo successivo. Adesso abbiamo chiarito quali sono i problemi e da dove vengono. Adesso è il momento di essere *disposti a cambiare*.

Sono sempre stata un po' testarda. Anche adesso, a volte, quando decido di fare un cambiamento nella mia vita, questa testardaggine riaffiora, e oppongo una forte resistenza a cambiare modo di pensare. Divento temporaneamente altezzosa, stizzita, e mi chiudo in me stessa.

Ebbene sì, mi succede ancora nonostante tutti questi anni di lavoro. È una delle lezioni che devo imparare. Tuttavia adesso, quando accade, so che sto affrontando un momento di svolta. Tutte le volte che decido di fare un cambiamento nella mia vita, di lasciare andare qualcosa, scendo sempre più in profondità dentro di me per riuscirci.

Ogni vecchia certezza deve cedere il posto a un modo di pensare nuovo. A volte è facile, altre invece è come sollevare un macigno facendo leva con una piuma.

Con quanta più testardaggine mi aggrappo a una vecchia convinzione quando dico di voler cambiare, tanto più mi rendo conto di quanto sia fondamentale che io la lasci andare. È solo imparando queste cose che posso fare da guida agli altri.

Ritengo che molti buoni maestri non provengano da famiglie felici dove non c'erano problemi. In verità, essi vengono da luoghi di dolore e sofferenza, e si sono fatti strada, strato dopo strato, per arrivare ad aiutare gli altri a liberarsi a loro volta. Un buon maestro non smette mai di migliorarsi e di cambiare, rilasciando gli strati sempre più profondi che lo limitano. È un compito che dura tutta la vita.

La differenza principale tra il modo in cui ero solita lavorare al rilascio delle convinzioni e quello in cui lo faccio ora è che adesso non è necessario che sia arrabbiata perché accada. Non scelgo più di credere che sono una cattiva persona solo perché ho trovato un'altra cosa da cambiare dentro di me.

Fare pulizia

Il lavoro mentale che faccio adesso è un po' come pulire casa. Passeggio attraverso le stanze della mia mente ed esamino i pensieri e le convinzioni che incontro. Spolvero e lucido quelli che amo, facendoli diventare ancora più utili. Ce ne sono altri che necessitano di essere sostituiti o riparati e me ne occupo come posso. Altri ancora sono come i giornali di ieri, le vecchie riviste o i vestiti smessi. Li do via o li butto nella spazzatura, così me ne libero per sempre.

Non serve che io mi arrabbi o che mi senta una cattiva persona per poterlo fare.

Esercizio: **Sono disposto a cambiare**

Usa l'affermazione "Sono disposto a cambiare". Ripetila spesso. "Sono disposto a cambiare. Sono disposto a cambiare." Toccati la gola mentre lo dici. La gola è il centro energetico del corpo dove avvengono i cambiamenti. Toccandola, riconosci di trovarti nel processo del cambiamento.

Devi essere disposto a permettere che i cambiamenti avvengano quando compaiono. Renditi conto che ciò che NON VUOI MODIFICARE è proprio l'area che HA maggiormente BISOGNO del cambiamento. "Sono disposto a cambiare."

L'Intelligenza Universale risponde sempre ai tuoi pensieri e alle tue parole. Le cose inizieranno a cambiare radicalmente se pronunci questa affermazione.

Molti modi di cambiare

Utilizzare il mio metodo non è l'unica soluzione possibile. Ne esistono molti altri che funzionano altrettanto bene. In appendice al libro trovi un elenco delle diverse modalità con cui puoi portare avanti la tua crescita personale.

Eccone alcuni: c'è l'approccio spirituale, quello mentale e quello fisico. La guarigione olistica comprende corpo, mente e spirito. Puoi partire da una qualsiasi di queste aree, l'importante è che poi le affronti tutte. C'è chi comincia con un approccio mentale e frequenta seminari o terapie. Altri invece partono dall'ambito spirituale con la meditazione e la preghiera.

Quando inizi a fare le *pulizie di casa*, non importa da quale stanza cominci. Parti dall'area che ti ispira di più. Le altre verranno da sé.

Chi si abbuffa di cibo spazzatura e comincia dal livello spirituale, spesso si sente attratto da ciò che riguarda la nutrizione. Magari incontra un amico, o trova un libro o frequenta un corso, che gli permette di capire che ciò che ingerisce dipende da come si sente con se stesso e da come appare. Da un livello si passa sempre a un altro finché si è disposti a crescere e a cambiare.

Solitamente do pochi consigli sull'alimentazione perché ho scoperto che è preferibile seguire diete personalizzate. Ho una rete locale di riferimento composta da ottimi professionisti in campo olistico e mando da loro i miei clienti, quando mi rendo conto che hanno bisogno di maggiori conoscenze in ambito alimentare e nutrizionale. È un'area in cui bisogna trovare il proprio equilibrio personale o rivolgersi a uno specialista che possa aiutarci.

Gran parte dei libri sulla nutrizione sono stati scritti da persone molto malate che hanno elaborato un sistema personale per guarire, poi hanno scritto un libro per divulgarlo. Ma non siamo tutti uguali.

Per esempio, la dieta macrobiotica e l'alimentazione naturale crudista sono due approcci completamente diversi. I crudisti non cuociono il cibo, raramente mangiano pane o granaglie, e stanno molto attenti a non consumare frutta e verdura nello stesso pasto. Inoltre non usano il sale. I macrobiotici cucinano quasi tutto il cibo che mangiano, usano un sistema diverso per combinare gli alimenti e consumano molto sale. Entrambi gli approcci funzionano. Entrambi portano alla guarigione del corpo. Ma non vanno bene per tutti.

Il mio approccio personale all'alimentazione è semplice. Se un alimento "cresce", lo mangio. Se non "cresce", non lo mangio.

Devi essere consapevole di quel che mangi. È un po' come fare attenzione ai propri pensieri. Possiamo imparare anche a dare ascolto al corpo e ai segnali che ci invia quando ci alimentiamo in modi diversi.

Ripulire la nostra casa mentale dopo una vita passata a indulgere in pensieri negativi è un po' come optare per un regime alimentare sano dopo una vita di cibo spazzatura. In entrambi i casi si possono verificare delle crisi. Quando cambi dieta, il corpo inizia a espellere i residui tossici accumulati, e mentre ciò avviene potresti sentirti male per un giorno o due. Lo stesso accade quando decidi di modificare gli schemi di pensiero: le circostanze possono sembrarti peggiori per un po'.

Ripensa per un attimo alla fine di un cenone di Capodanno. Le pietanze sono state consumate e ora è il momento di ripulire la pentola del tacchino arrosto che è tutta bruciata e incrostata. La lasci un po' in ammollo nell'acqua bollente e detersivo. Poi cominci a raschiarla e il suo aspetto sembra peggiorare. Ma se continui a grattare, presto la pentola tornerà come nuova.

Succede lo stesso quando ripulisci uno schema mentale incrostato. Se lo immergiamo dentro a nuove idee, l'unto sale in superficie. Continua a ripetere le nuove affermazioni positive e presto avrai ripulito del tutto un vecchio condizionamento.

Esercizio: Essere disposti a cambiare

Abbiamo deciso che siamo disposti a cambiare, e useremo qualsiasi metodo che funzioni per noi. Permettimi di descriverne uno che uso su di me e sugli altri.

Primo: guardati allo specchio e dì a te stesso: "Sono disposto a cambiare."

Fai caso a come ti senti. Se esiti o se fai resistenza o semplicemente non vuoi cambiare, chiediti il motivo. Quale vecchia convinzione ti trattiene dal farlo? Ti prego di non rimproverarti, ma limitati a prendere nota di cosa si tratta. Scommetto che quell'idea ti ha già creato un sacco di problemi. Mi chiedo da dove provenga. Tu lo sai?

In ogni caso facciamo qualcosa per dissolverla. Torna allo specchio e guardati attentamente negli occhi, toccati la gola e ripeti ad alta voce per dieci volte: "Sono disposto a rilasciare la mia resistenza."

Il lavoro con lo specchio è portentoso. Da bambini riceviamo la maggior parte dei messaggi negativi proprio da persone che ci guardano dritto negli occhi, magari puntando il dito contro di noi. Così ora, ogni volta che ci guardiamo allo specchio, molti di noi si dicono cose spiacevoli. Critichiamo il nostro aspetto oppure ci maltrattiamo per qualcosa. A mio avviso, guardarsi dritto negli occhi e fare un'affermazione positiva su di sé è il modo più rapido per ottenere dei risultati.

Nello spazio infinito della mia vita,
tutto è perfetto, integro e completo.
Sono sempre protetto e guidato dal Divino.
Ora decido di riconoscere con calma e in modo oggettivo
i miei vecchi schemi di pensiero,
e sono disposto a fare dei cambiamenti.
Sono aperto agli insegnamenti. Posso imparare.
Sono disposto a cambiare.
Scelgo di divertirmi nel farlo.
Scelgo di reagire come se avessi trovato un tesoro
tutte le volte che individuo un elemento da rilasciare.
Mi vedo e mi sento cambiare, attimo dopo attimo.
I pensieri non hanno più alcun potere su di me.
Sono io a detenere il potere nella mia vita.
Scelgo di essere libero.
Va tutto bene nel mio mondo.

Capitolo Sei

Resistenza al cambiamento

Sono immerso nel ritmo
e nel flusso della vita in costante divenire.

La consapevolezza è il primo passo verso il cambiamento o la guarigione

Se abbiamo degli schemi sepolti in profondità dentro di noi, dobbiamo diventarne consapevoli per risanare tale condizione. Magari iniziamo a parlarne, a lamentarcene o a scorgerla negli altri. In un certo senso affiora alla superficie della nostra attenzione e iniziamo a relazionarci con essa. Spesso attraiamo un maestro, un amico, un corso, un seminario o un libro che risvegliano nuovi approcci per risolvere il problema.

Il mio risveglio ebbe inizio a partire da un commento casuale di un amico su una certa riunione di cui era venuto a conoscenza. Lui non venne, ma io sentii qualcosa risuonare dentro di me e vi partecipai. Quella piccola riunione fu il primo passo lungo il cammino verso me stessa. Non mi resi conto della sua importanza fino a poco tempo dopo.

Spesso la reazione più immediata a questa prima fase è pensare che sia un approccio stupido e privo di senso. Forse sembra troppo facile, o inaccettabile per il nostro modo di pensare. Non vogliamo farlo. Opponiamo una forte resistenza. Potremmo addirittura provare rabbia al solo pensiero.

Una reazione simile è molto positiva, se riusciamo a comprendere che si tratta del primo passo lungo il processo di guarigione.

Dico alle persone che qualsiasi tipo di risposta dimostra semplicemente che la guarigione è in atto, anche se il processo non è stato ancora completato. La verità è che il processo inizia nell'istante in cui cominciamo a pensare di fare un cambiamento.

L'impazienza non è che un'altra forma di resistenza al cambiamento e all'apprendimento. Quando pretendiamo che avvengano subito nella loro interezza, non ci diamo il tempo di imparare la lezione relativa al problema che abbiamo creato.

Se vuoi andare in un'altra stanza, devi alzarti e fare un passo dopo l'altro in quella direzione. Stare seduto sulla sedia e limitarti a pretendere di trovarti altrove non funzionerà. È la stessa cosa. Tutti vogliamo risolvere i nostri guai, ma non vogliamo fare le piccole cose che ci porteranno alla soluzione.

Ora è giunto il momento di riconoscere la nostra responsabilità nell'aver creato la situazione o il problema. Non sto dicendo che dobbiamo sentirci in colpa né cattivi. Intendo dire che dobbiamo accettare il "potere dentro di noi" capace di trasformare i nostri pensieri in esperienze. In passato, abbiamo usato questo potere inconsapevolmente, creando cose che non volevamo vivere. Non eravamo consapevoli di quello che stavamo facendo. Adesso, riconoscendo la nostra responsabilità, *diventiamo* consapevoli e impariamo a usare questo potere con cognizione di causa e in modo positivo, facendo il nostro bene.

Spesso, quando suggerisco una soluzione a un cliente (un nuovo modo di approcciarsi a un problema o di perdonare la persona coinvolta), vedo che contrae la mascella e incrocia saldamente le braccia sul petto. Magari chiude persino le mani a pugno. Ecco che la resistenza è uscita allo scoperto e allora so che siamo sulla strada giusta per guarire.

Tutti noi abbiamo delle lezioni da imparare. Ciò che troviamo più difficile non è altro che la lezione che abbiamo scelto di apprendere. Se fosse facile, allora non si tratterebbe di qualcosa di nuovo da imparare.

Le lezioni possono essere apprese tramite la consapevolezza

Se pensi alla cosa più difficile da fare per te e a quanta resistenza opponi, allora sappi che ti trovi di fronte alla tua più grande lezione del momento. Arrendersi, smettere di opporsi e concederti la possibilità di apprendere agevolerà il compimento del passo successivo. Non lasciare che la tua resistenza ti impedisca di apportare delle trasformazioni. Possiamo lavorare su due livelli: 1) esaminare la resistenza e 2) fare dei cambiamenti mentali. Osservati, guarda in che modo opponi resistenza e poi agisci.

Segnali non verbali

Spesso manifestiamo la nostra resistenza con le azioni che intraprendiamo. Per esempio:

- cambiando argomento;
- lasciando la stanza;
- andando in bagno;
- facendo tardi;
- ammalandoci;
- procrastinando: facciamo altro, facciamo lavori impegnativi che ci assorbono completamente, sprechiamo il nostro tempo;
- distogliendo lo sguardo o guardando fuori dalla finestra;
- sfogliando distrattamente una rivista;
- rifiutandoci di prestare attenzione;

- mangiando, bevendo o fumando;
- iniziando o interrompendo una relazione;
- provocando danni: alla macchina, agli elettrodomestici, alle tubature ecc.

Supposizioni

Spesso facciamo delle supposizioni sugli altri per giustificare la nostra resistenza. Affermiamo cose come:

- In ogni caso non sarebbe stato un bene.
- Mia moglie/mio marito non mi capisce.
- Dovrei cambiare carattere.
- Solo i pazzi vanno in analisi.
- Nessuno poteva aiutarmi a risolvere questo problema.
- Non hanno saputo gestire la mia rabbia.
- Il mio caso è diverso.
- Non voglio disturbarli.
- La cosa si risolverà da sola.
- Nessun altro lo fa.

Convinzioni

Cresciamo con delle convinzioni che si trasformano nella nostra resistenza al cambiamento. Eccone alcune:

- Non è una cosa da farsi.
- Non è per niente giusto.
- Per me non è giusto farlo.
- Non sarebbe una cosa spirituale.
- Le persone dotate di spiritualità non si arrabbiano mai.
- Gli uomini/le donne non si comportano così.
- La mia famiglia non l'ha mai fatto.

- L'amore non fa per me.
- È troppo al di fuori della mia portata.
- C'è troppo lavoro da fare.
- È troppo costoso.
- Ci vorrà troppo tempo.
- Non ci credo.
- Non sono quel tipo di persona.

Loro

Cediamo il nostro potere agli altri e ci serviamo di queste scuse per giustificare la nostra resistenza al cambiamento:

- Dio non approva.
- Aspetto un segno dal cielo.
- Non è l'ambiente giusto.
- Non mi permetteranno di cambiare.
- Non ho l'insegnante/il libro/il corso/gli strumenti giusti.
- Il mio dottore non vuole.
- Non posso prendermi dei permessi al lavoro.
- Non voglio farmi soggiogare da loro.
- È tutta colpa loro.
- Sono loro a dover cambiare per primi.
- Non appena lo farà ______________, lo farò anch'io.
- Tu/loro non mi capisci/capiscono.
- Non voglio ferirli.
- Va contro la mia educazione/religione/filosofia.

Idee su di sé

Abbiamo delle idee su di noi che usiamo come limiti o resistenza al cambiamento. Siamo:

- troppo vecchi;
- troppo giovani;
- troppo grassi;
- troppo magri;
- troppo bassi;
- troppo pigri;
- troppo forti;
- troppo deboli;
- troppo stupidi;
- troppo intelligenti;
- troppo poveri;
- troppo incapaci;
- troppo frivoli;
- troppo seri;
- troppo bloccati.

Forse ne hai fin sopra i capelli di tutto.

Tattiche di procrastinazione

La nostra resistenza spesso si esprime attraverso tattiche di procrastinazione. Usiamo queste scuse:

- Lo farò dopo.
- Adesso non riesco a pensarci.
- Adesso non ho tempo.
- Porterebbe via troppo tempo al mio lavoro.
- Sì, l'idea è buona; la metterò in pratica prima o poi.

- Ho troppe cose da fare.
- Ci penserò domani.
- Non appena avrò finito con ________________.
- Non appena sarò tornato dal viaggio.
- Non è il momento giusto.
- È troppo tardi, o è troppo presto.

Rifiuto

Questa forma di resistenza emerge quando ci rifiutiamo di fare qualsiasi cambiamento. Si dicono cose come:

- Non c'è niente di sbagliato in me.
- Non posso fare niente per risolvere questo problema.
- L'ultima volta sono stato benissimo.
- Migliorerebbe qualcosa se cambiassi?
- Se lo ignoro, forse il problema sparirà.

Paura

La più radicata forma di resistenza è di gran lunga la paura dell'ignoto. Di solito si adducono queste motivazioni:

- Non sono ancora pronto.
- Potrei non farcela.
- Potrebbero respingermi.
- Che cosa penserebbero i vicini?
- Ho paura di dirlo a mio marito/mia moglie.
- Potrei farmi del male.
- Potrei rimetterci dei soldi.
- Preferirei morire, o divorziare.
- Non voglio che gli altri sappiano che ho un problema.

- Ho paura di esprimere i miei sentimenti.
- Non ne voglio parlare.
- Non ne ho le forze.
- Chissà dove andrei a finire.
- Potrei perdere la mia libertà.
- È troppo faticoso per me.
- Non ho abbastanza soldi.
- Potrei farmi male alla schiena.
- Non raggiungerei la perfezione.
- Potrei perdere i miei amici.
- Non mi fido di nessuno.
- Potrei rovinare la mia immagine.
- Non sono abbastanza bravo.

E la lista va avanti all'infinito. Riconosci, in alcuni di questi, i modi in cui opponi resistenza? Rifletti sulla resistenza in questi esempi.

Avevo una cliente che soffriva molto. Si era rotta la schiena, il collo e il ginocchio in tre diversi incidenti d'auto. Quel giorno arrivò in ritardo al nostro appuntamento perché si era persa e poi era rimasta bloccata nel traffico.

Non le fu difficile raccontarmi di tutti i suoi problemi, ma quando le dissi: "Lasciami parlare un attimo" andò in agitazione. Le lenti a contatto iniziarono a darle fastidio. Volle cambiare sedia. Dovette andare in bagno. Poi dovette togliersi le lenti perché non le sopportava più. Insomma, non sono riuscita a catturare la sua attenzione per il resto della seduta.

Mi resisteva. Non era pronta a liberarsi e a guarire. Scoprii che anche sua sorella si era rotta la schiena due volte, e così la loro madre.

Un altro cliente, un attore di strada, un mimo che riscuoteva un certo successo, si vantava di come riuscisse a imbrogliare gli altri, soprattutto le istituzioni. Sapeva sempre come farla franca ma solitamente alla fine si ritrovava con in mano un pugno di mosche. Era sempre al verde, con almeno un mese di affitto in arretrato, e restava spesso senza credito sul telefono. Vestiva in modo trasandato, lavorava sporadicamente, soffriva di molti dolori fisici e la sua vita sentimentale era inesistente.

La sua teoria era che non poteva smettere di imbrogliare la gente finché non gli fosse successo qualcosa di buono nella vita. Ovviamente, visto quello che dava, non avrebbe mai ricevuto in cambio qualcosa di positivo. Prima di tutto doveva piantarla di truffare gli altri.

La sua resistenza consisteva nel non sentirsi pronto a cambiare atteggiamento.

Lascia stare gli amici

Troppo spesso, invece di lavorare sui nostri cambiamenti, decidiamo quale dei nostri amici debba cambiare. Anche questa è una forma di resistenza.

All'inizio della mia carriera, ebbi una cliente che mi spediva da tutti i suoi amici all'ospedale. Al posto di inviare loro dei fiori, mandava me affinché risolvessi i loro problemi. Arrivavo con in mano il mio registratore e spesso nel letto trovavo una persona che non aveva idea del perché fossi lì, né capiva cosa stessi facendo. Questo succedeva prima che imparassi a non lavorare con chi non richiedeva espressamente la mia assistenza.

Ci sono clienti che vengono da me perché i loro amici gli hanno regalato una seduta. Solitamente non funziona e di rado ritornano per andare avanti con il lavoro.

Se qualcosa è valido per noi, spesso lo vogliamo condividere con gli altri, ma essi potrebbero non essere pronti per il cambiamento in quel momento della loro vita. È già abbastanza difficile quando vogliamo farlo in prima persona, ma cercare di far cambiare gli altri quando non ne hanno la benché minima intenzione è praticamente impossibile, e potrebbe addirittura rovinare una bella amicizia. Sprono i miei clienti affinché ritornino per continuare il nostro lavoro insieme, ma dico loro di lasciar stare gli amici.

Il lavoro con lo specchio

Gli specchi riflettono quello che proviamo per noi stessi. Ci mostrano con chiarezza le aree che vanno cambiate se vogliamo avere una vita appagante e felice.

Chiedo alle persone di guardarsi negli occhi e di dire qualcosa di positivo su di sé tutte le volte che passano davanti a uno specchio. Il modo più efficace di pronunciare le affermazioni consiste nel guardare la propria immagine riflessa e parlarle ad alta voce. Così sei subito consapevole della resistenza e puoi superarla velocemente. È utile tenere a portata di mano uno specchio mentre leggi il libro. Usalo spesso per fare le affermazioni e per verificare dove opponi resistenza e dove invece sei aperto e flessibile.

Ora, guardati nello specchio e dì a te stesso: "Sono disposto a cambiare."

Fai caso a come ti senti. Se provi esitazione, resistenza o semplicemente senti di non voler cambiare, chiediti il perché. Quali vecchie idee ti trattengono dal farlo? Non è questo il momento di rimproverarti. Nota solo quel che accade e quale convinzione emerge in superficie. È quella, che ti sta causando tanti guai. Riesci a individuare da dove proviene?

Quando le affermazioni che pronunciamo non ci suonano "giuste", oppure sembra che non ci portino a niente, è molto facile dire: "Oh, questo metodo non funziona." Ma non è così; in verità significa che dobbiamo fare un altro passo prima di cominciare con le affermazioni.

Gli schemi reiterati manifestano i nostri bisogni

Ogni abitudine, ogni esperienza ripetuta, ogni schema mentale reiterato manifesta un bisogno, che a sua volta corrisponde a una convinzione. Se non ci fosse il bisogno, non avremmo certi schemi e non manifesteremmo certi atteggiamenti o stati d'essere. C'è qualcosa dentro di noi che necessita del grasso, di relazioni mediocri, dei fallimenti, delle sigarette, della rabbia, della povertà, dei maltrattamenti o di qualsiasi altra cosa rappresenti un problema per noi.

Quante volte abbiamo detto: "Non lo farò mai più!"? Ma poi, prima della fine della giornata, ci mangiamo un'altra fetta di torta, fumiamo altre sigarette, diciamo cose cattive alle persone che amiamo e così via. Poi regoliamo l'intera faccenda dicendo rabbiosamente a noi stessi: "Insomma, non hai forza di volontà! Non hai disciplina! Sei debole." Il che non fa altro che aggiungersi al peso del senso di colpa che già ci portiamo appresso.

Non ha niente a che vedere con la forza di volontà né con la disciplina

Quello che cerchiamo di eliminare dalla nostra vita non è che un sintomo, un effetto esteriore. Darsi da fare per annullare il sintomo senza agire sulla causa è inutile. Nel momento in cui la nostra forza di volontà o la disciplina verranno meno, il sintomo si ripresenterà.

Bisogna essere disposti a lasciare andare il bisogno

Ai clienti dico: "Dentro di te, deve esserci il bisogno di questa condizione, altrimenti non la vivresti. Facciamo un passo indietro e lavoriamo sulla DISPONIBILITÀ A LASCIARE ANDARE QUEL BISOGNO. Una volta che il bisogno è scomparso, non proverai più il desiderio di fumare o di abbuffarti o di avere schemi negativi."

Una delle prime affermazioni da usare è la seguente:

Sono disposto a lasciare andare il BISOGNO di opporre resistenza, o del mal di testa, o della costipazione, o del peso in eccesso, o della mancanza di soldi o di qualsiasi altra cosa.

Devi dire: "Sono disposto a lasciare andare il bisogno di...". Se resisti a questa affermazione, allora le altre non possono funzionare.

Dobbiamo rimuovere la rete che ci siamo creati attorno. Se ti è capitato di districare una matassa di spago, sai bene che tirare e strappare peggiora solo la situazione. Devi sciogliere i nodi con pazienza e delicatezza. Sii delicato e paziente con te stesso mentre sciogli i tuoi nodi mentali. Fatti aiutare, se ne senti il bisogno. Soprattutto, ama te stesso nel processo. La *disponibilità* a lasciare andare ciò che non serve più è la chiave. Questo è il segreto.

Quando dico "avere bisogno del problema" intendo che, in base al nostro particolare assetto mentale, "necessitiamo" di avere specifici effetti o esperienze esteriori. Ogni effetto esteriore è l'espressione naturale di uno schema mentale interiore. Limitarsi a combattere contro il sintomo è uno spreco di energia e spesso porta all'acutizzazione del problema.

Dire "Non me lo merito" ci spinge a procrastinare

Se uno dei miei schemi mentali o convinzioni è "Non me lo merito", allora uno degli effetti esteriori che otterrò probabilmente sarà la propensione a rimandare. Dopo tutto, rimandare è un modo per impedirci di arrivare dove vorremmo. La maggior parte delle persone che lo fa spende tempo ed energia dandosi addosso proprio perché ha la tendenza a procrastinare. Dicono di essere pigri e "cattive persone".

Risentimento per la fortuna degli altri

Avevo un cliente che amava stare al centro dell'attenzione e di solito arrivava al corso in ritardo per creare scompiglio. Era il minore di diciotto figli ed era sempre arrivato per ultimo quando si trattava di ricevere. Da bambino, aveva sempre visto gli altri "avere" per primi, mentre a lui toccava aspettare la sua parte. Anche adesso, quando qualcuno aveva fortuna, non riusciva a esserne felice. Diceva: "Oh, vorrei avere io quella cosa" oppure "Oh, perché a me non capitano mai certe fortune?".

Il suo risentimento per la fortuna degli altri ostacolava la sua crescita ed evoluzione.

L'autostima apre molte porte

Un giorno venne da me una donna di settantanove anni. Insegnava canto e molti dei suoi allievi lavoravano nel campo della pubblicità in televisione. Anche a lei sarebbe piaciuto farlo, ma aveva paura. Le diedi tutto il mio sostegno e le spiegai: "Non c'è nessuno come te. Sii semplicemente te stessa. Fallo per divertirti. Ci sono persone là fuori che cercano proprio quello che tu hai da offrire. Fa' sapere loro che esisti."

Contattò diversi agenti e direttori di casting dicendo: "Sono una cittadina molto senior che vuole fare pubblicità." In breve tempo, partecipò a uno spot e da allora non ha mai smesso di lavorare. Spesso la vedo in Tv o sulle riviste. Puoi iniziare un nuovo lavoro a qualsiasi età, soprattutto se lo fai per divertimento.

L'autocritica non va mai a segno

Essa non fa altro che intensificare la pigrizia e la tendenza a procrastinare. Devi convogliare le tue energie mentali nell'eliminazione dei vecchi schemi di pensiero e nella creazione di nuovi. Dì:

Sono disposto a lasciare andare il bisogno di non meritare niente. Mi merito il meglio dalla vita, e adesso mi concedo di accettarlo con amore.

Ripetendo continuamente questa affermazione per qualche giorno, lo schema mentale esteriore della procrastinazione inizierà automaticamente ad attenuarsi.

Creando lo schema dell'autostima dentro di me, non avrò più bisogno di rimandare il mio bene.

Vedi come queste affermazioni possono adattarsi ad alcuni degli schemi negativi o effetti esteriori della tua vita? Smettila di sprecare tempo ed energie avvilendoti per qualcosa che non potrai mai avere fintanto che manterrai certe convinzioni. Devi cambiarle.

In fondo si tratta solo di pensieri e i pensieri possono essere cambiati.

Se vogliamo cambiare una situazione, è necessario affermare che siamo disposti a farlo. "Sono disposto a lasciare andare lo schema mentale che crea questa situazione."

Puoi ripeterlo continuamente, tutte le volte che pensi alla tua malattia o al problema che ti assilla. Nell'istante in cui lo dici, esci dal ruolo di vittima. Smetti di essere impotente perché prendi atto del tuo potere. È come se dicessi: "Inizio a capire che sono io a creare tutto questo. Riprendo il mio potere. Sono disposto a eliminare questa vecchia idea e a lasciare andare la situazione (o il problema)."

Autocritica

Avevo una cliente che poteva ingurgitare un chilo di burro e qualsiasi altro alimento le capitasse a tiro quando non riusciva a sopportare i suoi pensieri negativi. Poi il giorno successivo se la prendeva con il suo corpo pesante. Da piccola, faceva il giro della tavola per finire gli avanzi nei piatti degli altri e si mangiava un intero panetto di burro. I suoi familiari ridevano e pensavano che fosse adorabile. Era l'unica forma di approvazione che riceveva dalla sua famiglia.

Quando ti rimproveri, quando ti dai addosso, quando ti maltratti, chi pensi di trattare in questo modo?

Abbiamo accettato il nostro sistema di convinzioni quando avevamo tre anni, da allora le esperienze vissute si sono basate su quello che abbiamo accettato di credere su di noi e sulla vita in quella fase della nostra esistenza. Il modo in cui siamo stati trattati da piccoli solitamente è lo stesso in cui ci trattiamo adesso. La persona che rimproveri è quel bambino di tre anni che porti dentro di te.

Se tendi ad arrabbiarti con te stesso perché sei un tipo pauroso e insicuro, immaginati come un bambino di tre anni. Se ti trovassi davanti un bimbo impaurito di tre anni, che cosa faresti? Ti arrabbieresti con lui, oppure apriresti le braccia per consolarlo finché non si sente sicuro e protetto? Forse gli adulti che ti circondavano quando eri piccolo non hanno saputo confortarti. Ma adesso sei tu l'adulto nella tua vita, ed è una cosa molto triste se non consoli il bambino che hai dentro.

Il passato è passato. Ora c'è il presente e hai l'opportunità di trattarti come vorresti. Un bambino terrorizzato ha bisogno di conforto, non di essere sgridato. Rimproverarti non fa altro che acuire la tua paura, e non ti aiuta affatto. Quando il tuo bambino interiore si sente insicuro, crea un sacco di problemi. Ricordi come ti sentivi quando nessuno ti apprezzava da piccolo? Il tuo bambino interiore si sente allo stesso modo adesso.

Sii gentile con te stesso. Inizia ad amarti e ad apprezzarti. È ciò di cui ha bisogno il tuo bambino interiore per riuscire a esprimersi al massimo del suo potenziale.

Nello spazio infinito della mia vita,
tutto è perfetto, integro e completo.
Vedo ogni schema di resistenza dentro di me come qualcosa
da lasciare andare. Non hanno alcun potere su di me.
Sono io a detenere il potere nel mio mondo.
Resto il più possibile in armonia con i cambiamenti
che avvengono nella mia vita.
Approvo me stesso e il modo in cui sto cambiando.
Faccio del mio meglio. Ogni giorno diventa più facile.
Sono felice di essere in armonia con il ritmo
e il flusso della vita in costante divenire.
Oggi è un giorno meraviglioso.
Scelgo di fare in modo che lo sia.
Va tutto bene nel mio mondo.

Capitolo Sette

Come cambiare

Attraverso i passaggi con gioia e serenità.

Adoro i "come". Tutta la teoria del mondo è inutile se non sappiamo come metterla in pratica e creare un cambiamento. Sono sempre stata una persona molto pragmatica e concreta, con un grande bisogno di sapere come fare le cose. I principi con cui lavoreremo in questo capitolo sono:

- rafforzare la disponibilità a lasciare andare (bisogni e condizionamenti);
- controllare la mente;
- imparare come il perdono di sé e degli altri ci libera.

Lasciare andare il bisogno

A volte, quando cerchiamo di rilasciare uno schema mentale, la situazione complessiva sembra peggiorare per un po'. Non è un male, ma un segno che le cose stanno cominciando a muoversi. Le nostre affermazioni funzionano e dobbiamo solo perseverare.

Esempi

- Stiamo lavorando per aumentare la nostra prosperità e perdiamo il portafoglio.

- Stiamo lavorando per migliorare le nostre relazioni e litighiamo con qualcuno.
- Stiamo lavorando per stare maggiormente in salute e ci prendiamo un raffreddore.
- Stiamo lavorando per esprimere le nostre doti e abilità creative e veniamo licenziati.

Talvolta il problema si muove in un'altra direzione e iniziamo a vedere e a capire di più. Per esempio, supponiamo che tu stia cercando di smettere di fumare e dica: "Sono disposto a lasciare andare il 'bisogno' di sigarette." Mentre continui a ripeterlo, ti accorgi che i rapporti con gli altri si complicano.

Non disperare! Questo è un chiaro segno che il processo sta funzionando.

Potresti farti una serie di domande: "Sono disposto a rinunciare alle relazioni difficili? Le sigarette non creano forse una cortina di fumo che mi impedisce di capire quanto siano complicati questi rapporti?".

Così ti rendi conto che il bisogno di sigarette è solo un sintomo e non una causa. Stai sviluppando una notevole visione interiore e un tipo di comprensione che ti renderà libero.

Inizi a dire: "Sono disposto a lasciare andare il 'bisogno' di relazioni complicate."

Poi ti accorgi che la ragione per cui ti senti così a disagio è che gli altri ti criticano sempre.

Consapevole del fatto che siamo noi gli artefici delle nostre esperienze, adesso inizi ad affermare: "Sono disposto a lasciare andare il 'bisogno' di essere criticato."

Poi rifletti sull'atteggiamento ostile degli altri nei tuoi confronti e ti rendi conto che da piccolo venivi sempre ripreso. Il tuo bambino interiore si sente "a casa" solo quando viene criticato. Sei sfuggito a tutto questo creando una "cortina di fumo".

Avrai capito che il passo successivo consiste nell'affermare: "Sono disposto a perdonare...".

Continuando a pronunciare le tue affermazioni, potresti accorgerti che le sigarette non ti attraggono più e che le persone attorno a te hanno smesso di criticarti. Allora saprai di essere riuscito a eliminare quel bisogno.

Di solito ci vuole un po' di tempo perché funzioni. Se persisti con tenerezza nei tuoi confronti e se sei disposto a ritagliarti qualche momento ogni giorno per riflettere sul tuo processo di cambiamento, troverai le risposte che cerchi. La tua Intelligenza Interiore è la stessa che ha creato il nostro Pianeta. Affidati alla tua Guida Interiore per scoprire cosa ti serve sapere.

Esercizio: ELIMINARE IL BISOGNO

Durante i miei seminari, di solito faccio fare questo esercizio a coppie, ma puoi svolgerlo anche da solo utilizzando uno specchio, possibilmente grande.

Pensa per un attimo a qualcosa che vorresti cambiare nella tua vita. Vai allo specchio, guardati negli occhi e dì ad alta voce: "Adesso so che sono stato io a creare questa condizione e sono disposto a eliminare questo schema mentale dalla mia coscienza, perché è responsabile della situazione che sto vivendo." Ripetilo diverse volte, con sentimento.

Se fai l'esercizio con un partner, quest'ultimo dovrà dirti se gli sei sembrato sincero. Devi convincerlo.

Chiediti se sei sincero. Attraverso lo specchio, persuadi te stesso che questa volta sei pronto a uscire dalla schiavitù del passato.

A questo punto, molti si spaventano perché non sanno COME fare. Hanno paura di impegnarsi in qualcosa senza prima conoscere tutte le risposte. Ma si tratta ancora una volta di una forma di resistenza. Devi soltanto superarla.

Una delle cose meravigliose di questo processo è che

non dobbiamo sapere come fare. Tutto quello che ci serve è essere disposti e aperti. L'Intelligenza Universale o la tua mente subconscia si occuperanno del "come". Ogni pensiero che fai, e ogni parola che dici, ricevono una risposta, e il punto di potere è adesso, nel presente. I pensieri che formuli e le parole che affermi in questo istante creano il tuo futuro.

La mente è uno strumento

Sei molto più della tua mente. Potresti pensare che sia la tua mente a condurre lo spettacolo, questo perché l'hai abituata a vederla così. Puoi benissimo interrompere quest'abitudine e instaurarne un'altra perché la mente è uno strumento nelle tue mani.

È a tua disposizione e puoi usarla come vuoi. Il modo in cui la usi ora è solo un'abitudine e le abitudini, qualsiasi esse siano, possono essere cambiate se lo vogliamo, o anche solo se ci rendiamo conto che è possibile farlo.

Per un attimo, zittisci il brusio nella mente e pensa intensamente a questo concetto: LA MENTE È UNO STRUMENTO CHE PUOI USARE COME VUOI.

I pensieri che "scegli" di fare creano le esperienze che vivi. Se ritieni faticoso o difficile cambiare un'abitudine o un pensiero e decidi di vederla in questo modo, essa diventerà la tua realtà. Se cominciassi a pensare: "Sta diventando più facile per me fare dei cambiamenti" allora la scelta di questo pensiero lo trasformerà nella tua realtà.

Controllare la mente

Dentro di te c'è un enorme potere e un'incredibile Intelligenza che reagiscono costantemente ai pensieri e alle parole. Imparare a controllare la tua mente scegliendo i pensieri in modo consapevole ti permette di sintonizzarti con questo potere.

Non pensare che sia la mente a comandare. Sei tu a controllarla. Sei tu a usarla. Sei tu che puoi smettere di fare sorgere al suo interno idee stantie.

Quando il tuo vecchio modo di pensare cerca di riemergere e dice: "È dura cambiare" riprendi il controllo sulla mente. Dille: "Adesso scelgo di credere che per me è diventato facile apportare dei cambiamenti." Forse dovrai sostenere questa conversazione con la mente parecchie volte prima che essa riconosca il tuo dominio e la validità di quello che dici.

L'unica cosa di cui detieni il controllo sono i pensieri che fai nel presente

I tuoi vecchi pensieri sono andati; non c'è niente che tu possa fare eccetto superare e dimenticare le esperienze che hanno causato. Ciò che pensi nel presente, proprio in questo momento, è completamente sotto il tuo controllo.

Esempio

Se a un bambino piccolo venisse permesso di stare alzato fino a quando gli pare e poi a un certo punto gli si imponesse di andare a letto tutte le sere alle 8.00, come pensi che reagirebbe?

Il bimbo si ribellerebbe contro la nuova regola, scalcerebbe, urlerebbe e farebbe il possibile per restare alzato. A quel punto, se ti intenerisci, l'avrà vinta e cercherà di dominarti per sempre.

Se invece, mantenendo la calma, ti attieni alla tua decisione e insisti con fermezza che quello è il nuovo orario per andare a letto, piano piano la ribellione si placherà. Nel giro di due o tre notti, verrà stabilita la nuova abitudine.

Accade lo stesso con la mente. Ovviamente all'inizio si opporrà. Non vuole essere rieducata. Ma sei tu a detenere il controllo e se resti focalizzato e saldo, nel giro di poco tempo riuscirai a stabilire un nuovo modo di pensare. E ti sentirai così bene da capire che non sei una vittima indifesa dei tuoi pensieri, ma il padrone della tua mente.

Esercizio: Lasciare andare

Mentre leggi, fai un profondo respiro e, quando espiri, lascia andare tutte le tensioni del corpo. Fai rilassare il cuoio capelluto, la fronte e il viso. Per leggere, non è necessario che la testa stia in tensione. Fai rilassare la lingua, la gola e le spalle. Puoi reggere il libro mantenendo le braccia e le mani rilassate. Fallo ora. Distendi la schiena, l'addome e la zona pelvica. Calma il respiro mentre rilassi gambe e piedi.

È avvenuto qualche sostanziale cambiamento nel tuo corpo da quando hai iniziato il paragrafo precedente? Nota quanta resistenza opponi. Se lo fai con il corpo, allora avviene anche con la mente.

In questa posizione confortevole e rilassata dì a te stesso: "Sono disposto a lasciare andare le tensioni. Le elimino. Le rilascio. Rilascio tutte le paure. Rilascio tutta la rabbia. Rilascio tutto il senso di colpa. Rilascio tutte le vecchie limitazioni. Le lascio andare e sono in pace. Sono in pace con me stesso. Sono in pace con il processo della vita. Sono al sicuro."

Ripeti questo esercizio due o tre volte. Sperimenta il piacere di lasciare andare.

Ripetilo ogniqualvolta senti emergere pensieri di difficoltà. Ci vuole un po' di tempo perché questa nuova routine diventi parte di te. Quando raggiungi questo stato di pace, è più facile per le tue affermazioni mettere radici. Sei aperto e le accogli. Non c'è nessun bisogno di sforzarsi, di stressarsi o di opporre resistenza. Basta che ti rilassi e che fai i pensieri giusti. Sì, è davvero molto semplice.

Liberazione fisica

A volte abbiamo bisogno di sperimentare un rilascio fisico, perché esperienze ed emozioni possono restare bloccate nel corpo.

Urlare chiusi in macchina con i finestrini alzati può essere molto liberatorio se fino a quel momento abbiamo soffocato la nostra espressione verbale. Picchiare i pugni sul letto o prendere a calci il cuscino è un modo innocuo per rilasciare la rabbia repressa, così come giocare a tennis e correre.

Un po' di tempo fa, ebbi un dolore alla spalla per uno o due giorni. Cercai di ignorarlo, ma non se ne andava. Alla fine, mi sono seduta interrogandomi: "Che cosa sta succedendo? Che cosa provo? Uhm, è un dolore bruciante... brucia. È rabbia! Perché sei arrabbiata, Louise?".

Non mi venne in mente nessuna risposta, così mi sono detta: "Bene, cerchiamo di scoprirlo." Ho messo due grossi cuscini sul letto e ho iniziato a colpirli con tutte le mie forze.

Dopo una dozzina di colpi, ho capito esattamente perché ero arrabbiata. Era così evidente. Allora ho colpito i cuscini con più forza ancora, facendo anche dei versi liberatori e ho rilasciato le emozioni dal corpo. Quando ho finito, mi sono sentita molto meglio e il giorno successivo la spalla era guarita.

Permettere al passato di trattenerti

Molte persone vengono da me e mi dicono che non riescono a godersi il presente a causa di qualcosa che è successo nel passato. Dal momento che non hanno compiuto una certa azione nel passato, oppure l'hanno fatta in un modo piuttosto che in un altro, non riescono a vivere pienamente l'oggi, il presente. Poiché non possiedono più ciò che avevano in passato, non riescono a godersi il presente. Dal momento che un tempo sono stati feriti, oggi si chiudono all'amore. Poiché è successo loro qualcosa di spiacevole in passato, come conseguenza di una loro azione, sono certi che si verificherà ancora, oggi. Siccome una volta hanno fatto qualcosa di cui poi si sono pentiti, adesso hanno un atteggiamento moralista. Poiché in passato sono stati maltrattati, ora non sono in grado né di perdonare né di dimenticare.

- Dato che non sono stata invitata al ballo studentesco di fine anno, oggi non riesco a godermi la vita.
- Dato che ho fatto una magra figura alla mia prima audizione, durante le prossime sarò terrorizzata.
- Dato che non sono più sposata, oggi non posso vivere pienamente.
- Dato che una volta sono stata ferita a causa di un commento, non mi fiderò mai più di nessuno.
- Dato che una volta ho rubato, devo punirmi per sempre.
- Dato che da piccolo ero povero, non arriverò mai da nessuna parte.

Ciò che spesso ci rifiutiamo di riconoscere è che restare aggrappati al passato, non importa quanto brutto sia stato, CI CAUSA SOLO DOLORE. Agli "altri" non interessa. Di solito gli "altri" non ne sono nemmeno consapevoli. Ci facciamo solo del male se ci rifiutiamo di vivere pienamente nel presente. Anche quando ci lamentiamo del passato, riviviamo quel ricordo in questo momento e nel frattempo ci perdiamo l'esperienza del presente.

Esercizio: RILASCIARE

Adesso eliminiamo il passato dalle nostri menti. Rilasciamo l'attaccamento emotivo a esso. Permettiamo ai ricordi di essere solo ricordi.

Se ripensi a come ti vestivi quando andavi alle elementari, solitamente non provi attaccamento emotivo.

Non è che un ricordo.

Può essere lo stesso per tutti gli eventi del passato nella nostra vita. Lasciando andare, diventiamo liberi di usare tutto il nostro potere mentale per godere di questo momento e creare un futuro meraviglioso.

Fai un elenco di tutte le cose che sei disposto ad abbandonare. Sei pronto a farlo? Fai caso alle tue reazioni. Quali sono le mosse da compiere per lasciare andare queste cose? Quanto sei disposto a farlo? Qual è il tuo livello di resistenza?

Perdono

Il prossimo passo è il perdono. Perdonare noi stessi e gli altri ci libera dal passato. Il *Corso in miracoli* ripete diffusamente che il perdono è la risposta a tutto o quasi. So che quando siamo bloccati, di solito significa che dobbiamo perdonare. Se non siamo in armonia con il flusso della vita nel presente, vuol dire che siamo rimasti fermi nel passato. Può trattarsi di rimpianto, tristezza, dolore, paura o senso di colpa, biasimo, rabbia, risentimento e a volte persino del desiderio di vendetta. Ciascuno di questi stati emotivi è causato dalla mancanza di perdono, dal rifiuto di lasciare andare il passato e di accedere al presente.

L'amore è sempre la risposta a ogni tipo di guarigione. E il cammino che ci porta all'amore è il perdono. Il perdono dissolve il risentimento. Ci sono diversi modi con cui mi approccio a questa fase.

Esercizio: Dissolvere il risentimento

Emmet Fox propone un esercizio per dissolvere il risentimento che funziona sempre. Siediti in un posto tranquillo, chiudi gli occhi e lascia che corpo e mente si rilassino. Poi immagina di sedere in un teatro, a luci spente, di fronte a un piccolo palco. Su di esso, visualizza la persona per cui provi più risentimento. Potrebbe essere qualcuno che appartiene al passato o al presente, vivo o morto. Una volta che riesci a visualizzarlo con chiarezza, immagina che gli accadano cose belle, cose ricche di significato per lui o lei. Immagina che sia sorridente e felice.

Trattieni questa immagine per qualche minuto, poi lasciala svanire. A questo esercizio mi piace aggiungere un passo ulteriore. Mentre questa persona abbandona la scena, visualizza te stesso sul palco. Immagina che ti accadano cose belle. Visualizzati sorridente e felice. Sii consapevole del fatto che l'abbondanza dell'Universo è a disposizione di tutti noi.

Questo esercizio dissolve le nuvole nere del risentimento che la maggior parte di noi porta dentro di sé. Per alcuni sarà molto difficile farlo. Ogni volta che lo esegui, potresti visualizzare una persona diversa. Ripetilo una volta al giorno per un mese, e fai caso a come ti senti più leggero.

Esercizio: VENDETTA

Coloro che percorrono il cammino spirituale conoscono l'importanza del perdono. Per alcuni di noi, c'è un passo necessario da compiere prima di poter perdonare al cento per cento. A volte il bambino dentro di noi ha bisogno di essere vendicato prima che sia libero di perdonare. A questo proposito, il seguente esercizio è molto utile.

Chiudi gli occhi, siedi in silenzio e in pace. Pensa alle persone più difficili da perdonare. Che cosa ti piacerebbe fargli? Che cosa dovrebbero fare per ottenere il tuo perdono? Immagina che stia succedendo ora. Scendi nei dettagli. Quanto a lungo vuoi che soffrano o facciano penitenza?

Quando ti senti soddisfatto, sospendi la condanna e lascia andare il risentimento per sempre. Di solito a questo punto ti senti leggero, ed è più facile pensare al perdono. Tuttavia non è il caso di indulgere in questa visualizzazione ogni giorno. Affinché sia liberatoria, è meglio farla una volta sola, come esercizio di chiusura.

Esercizio: PERDONO

Adesso siamo pronti a perdonare. Svolgi questo esercizio con un partner se puoi, oppure fallo a voce alta se sei da solo.

Ancora una volta, trova un posto tranquillo, mettiti comodo, chiudi gli occhi e dì: "La persona che devo perdonare è ______________________________
e la perdono per ____________________________."

Ripetilo più e più volte. Ci saranno persone a cui dovrai perdonare tante cose, altre a cui invece dovrai perdonarne solo una o due. Se fai l'esercizio in coppia, chiedi al partner di dirti: "Grazie, adesso ti libero." Se lo esegui da solo, immagina che sia la persona che stai perdonando a dirtelo. Fallo per almeno cinque/dieci minuti. Scandaglia il cuore in cerca delle ingiustizie che porti ancora dentro di te. Poi lasciale andare.

Dopo aver eliminato quante più cose possibili nella prima seduta, rivolgi l'attenzione su di te. Ripeti a voce alta: "Mi perdono per ____________________."

Fallo per altri cinque minuti circa. Sono esercizi potenti e ottimi da fare almeno una volta la settimana per ripulirsi il più possibile dalla spazzatura mentale. Certe esperienze sono facili da rilasciare mentre ce ne sono altre che vanno scalfite poco per volta, finché un giorno, improvvisamente, scompaiono.

Esercizio: VISUALIZZAZIONE

Ecco un altro bell'esercizio. Se possibile, fatti leggere quanto segue da qualcuno, oppure registralo e ascoltalo.

Inizia a visualizzarti come un bambino di cinque o sei anni. Guardalo profondamente negli occhi. Cogli il desiderio in essi e comprendi che quel bimbo vuole solo una cosa da te: il tuo amore. Quindi allunga le braccia e stringilo a te. Abbraccialo con amore e tenerezza. Digli quanto lo ami, quanto ci tieni. Ammira tutto di lui e rassicuralo dicendogli che non c'è niente di male nel fare errori mentre si impara. Promettigli che starai sempre al suo fianco. Adesso immagina che il bambino si rimpicciolisca ed entri nel tuo cuore. Tienilo lì, così ogni volta che guarderai in basso, potrai vedere il suo faccino ricambiare il tuo sguardo e potrai inviargli tanto amore.
Adesso visualizza tua madre come una bimba di quattro o cinque anni, spaventata e in cerca d'amore, senza sapere dove trovarlo. Allunga le braccia e stringila a te, dille quanto la ami, quanto ci tieni a lei. Falle sapere che può contare sempre su di te, qualsiasi cosa accada. Una volta che si è calmata e inizia a sentirsi al sicuro, rimpiccioliscine le dimensioni fino a farla stare nel cuore e mettila accanto al bambino, in modo che si scambino tanto amore.
Adesso immagina tuo padre come un bimbo di quattro o cinque anni, spaventato, in lacrime e in cerca d'amore. Grosse lacrime rotolano lungo il suo viso e non sa dove andare. Adesso sei bravo a confortare i bambini spaventati, così allunghi le braccia e lo stringi a te, lo consoli, lo culli. Gli fai sentire quanto lo ami e che può contare sempre su di te.
Quando le lacrime si sono asciugate e senti che amore e pace lo pervadono, rimpiccioliscilo fino a farlo stare nel cuore, così quei tre bambini possono scambiarsi tanto amore e tu puoi amarli a tua volta.

Il tuo cuore trabocca d'amore e potresti guarire il Pianeta intero. Ma per ora usalo per guarire te stesso. Nel centro del tuo cuore inizia a pulsare e a risplendere un sentimento caldo, dolce, buono. Lascia che esso trasformi il tuo modo di pensare e di parlare di te.

Nello spazio infinito della mia vita,
tutto è perfetto, integro e completo.
Il cambiamento è la legge naturale della mia vita.
Accolgo il cambiamento.
Sono disposto a cambiare.
Scelgo di cambiare il mio modo di pensare.
Scelgo di cambiare le parole che utilizzo.
Mi sposto dal vecchio al nuovo con facilità e gioia.
Perdonare è più facile di quanto credessi.
Perdonare mi fa sentire libero e leggero.
È con gioia che imparo ad amare me stesso sempre di più.
Quanto più risentimento elimino, tanto più amore ho da esprimere.
Cambiare i miei pensieri mi fa sentire bene.
Sto imparando a decidere di fare del presente
una bella esperienza da vivere.
Va tutto bene nel mio mondo.

Capitolo Otto

Costruire il nuovo

Le risposte interiori affiorano facilmente
alla mia consapevolezza.

- Non voglio essere grasso.
- Non voglio essere povero.
- Non voglio essere vecchio.
- Non voglio vivere qui.
- Non voglio questa relazione.
- Non voglio essere come mia madre/mio padre.
- Non voglio essere intrappolato in questo lavoro.
- Non voglio avere questi capelli/naso/corpo.

Ciò su cui concentri l'attenzione si rafforza

Le frasi appena elencate dimostrano come culturalmente ci sia stato insegnato a contrastare la negatività a livello mentale, convinti di ottenere automaticamente la controparte positiva. Ma non è così.

Quante volte ti sei lamentato di qualcosa che non volevi? Ti è servito per ottenere ciò che invece desideravi? Combattere la negatività è una perdita di tempo se quello che vuoi è apportare dei cambiamenti radicali nella tua vita. Più indugi e rimugini su ciò che non vuoi, più lo crei e lo attrai. Le cose su di te o sulla tua vita che non ti sono mai piaciute probabilmente sono ancora con te.

Ciò su cui focalizzi l'attenzione cresce e diventa permanente. Allontanati dalla negatività e focalizzati su ciò che vorresti davvero essere o avere. Quindi, trasformiamo in positivo quelle affermazioni negative:

- Sono magro.
- Sono ricco.
- Sono eternamente giovane.
- Mi trasferisco in un posto migliore.
- Ho una nuova, fantastica relazione.
- Sono me stesso.
- Amo i miei capelli/il mio naso/il mio corpo.
- Sono pieno di amore e affetto.
- Sono gioioso, felice e libero.
- Sono in ottima salute.

Affermazioni

Impara a pensare positivo. Qualsiasi cosa dici può trasformarsi in un'affermazione. Troppo spesso formuliamo frasi negative. Esse non fanno altro che creare ciò che non vuoi. Dire: "Detesto il mio lavoro" non ti porterà da nessuna parte. Invece, dichiarare: "Adesso accetto un meraviglioso nuovo lavoro" apre i canali della tua consapevolezza affinché questa affermazione diventi realtà.

Continua a formulare frasi positive su come vuoi che sia la tua vita. Ma c'è un punto molto importante: *le tue affermazioni devono essere costruite sempre al PRESENTE*, come "Io sono..." oppure "Io ho...". La tua mente subconscia è un servitore tanto obbediente che se dichiari qualcosa usando il futuro, come per esempio "Io sarò...", allora è lì che resterà questa idea, sempre al di fuori della tua portata, nel futuro!

Il processo di amare se stessi

Come ho detto prima, a prescindere dal problema, la questione principale su cui lavorare è AMARE SE STESSI. Questa è la "bacchetta magica" che risolve i problemi. Ricordi le volte in cui ti sei sentito bene con te stesso e come procedeva la tua vita? Ricordi le volte in cui eri innamorato e ti sembrava di non avere problemi? Ebbene, amare te stesso ti infonderà una tale ondata di sentimenti positivi e fortuna che camminerai sollevato da terra per la felicità. AMARE TE STESSO TI FA SENTIRE BENE.

È impossibile amarsi davvero se non si prova autostima e autoapprovazione. Ciò significa bandire qualsiasi tipo di critica. Mi pare di sentire tutte le obiezioni che si alzano a questo punto.

- Ma mi sono sempre criticato.
- Come posso riuscire ad apprezzare questo lato di me?
- I miei genitori/gli insegnanti/i miei partner mi hanno sempre criticato.
- Come posso motivarmi senza autocritica?
- Secondo me è sbagliato non essere critici con se stessi.
- Come faccio a cambiare se non mi critico?

Allenare la mente

L'autocritica, così come viene espressa sopra, non è altro che il vecchio brontolio della mente. Non vedi come hai abituato la mente a sminuirti e a resistere al cambiamento? Ignora questi pensieri e concentrati sulle cose importanti da fare!

Torniamo a uno degli esercizi che hai fatto prima. Guardati allo specchio e ripeti: "Mi amo e mi apprezzo esattamente così come sono."

Come ti senti adesso, dopo aver pronunciato questa frase? È più facile adesso che hai svolto il lavoro sul perdono? Amarsi e accettarsi sono le chiavi per i cambiamenti positivi.

C'erano giorni in cui il rifiuto per me stessa era così forte che mi schiaffeggiavo. Non conoscevo il significato dell'accettazione di sé. Credevo fermamente nelle mie mancanze e nei miei limiti, e niente e nessuno poteva convincermi del contrario. Se qualcuno mi diceva che ero amata, reagivo subito dicendo: "E perché? Che cosa possono trovarci gli altri in me?". Oppure formulavo il classico pensiero: "Se sapessero come sono veramente, non mi amerebbero."

Non ero consapevole che tutto il bene inizia con l'accettare se stessi e amarsi. Mi ci è voluto un bel po' di tempo per sviluppare una relazione pacifica e amorevole con me stessa.

All'inizio, davo la caccia alle piccole cose di me che pensavo fossero "qualità positive". Anche questo è servito e la mia salute ha cominciato a migliorare. Amare se stessi ci fa stare bene fisicamente, dona prosperità, amore e creatività. In seguito ho imparato ad amare e ad accettare tutto di me, persino quegli aspetti che ritenevo non essere "abbastanza". È stato allora che ho iniziato davvero a fare progressi.

Esercizio: Io mi approvo

Ho dato questo esercizio a centinaia di persone e i risultati sono stati fenomenali. Per un mese, ripeti continuamente a te stesso, almeno tre o quattrocento volte al giorno: "IO MI APPROVO." No, non sto esagerando. Quando sei preoccupato, pensi e ripensi ai tuoi problemi molte volte al giorno. Fai in modo che "Io mi approvo" diventi il tuo mantra, una frase che ripeti continuamente a te stesso, senza fermarti. Dire "Io mi approvo" è un modo garantito per far riaffiorare alla coscienza le tue resistenze nascoste.

Quando emergono pensieri negativi come "Come faccio ad approvarmi se sono grasso?", "È sciocco pensare che possa funzionare" o "Non sono bravo", o qualsiasi sia il tuo blaterare negativo, è il momento di riprendere il controllo sulla mente. Non dare importanza a questi pensieri. Consideràli per quello che sono: un altro modo per restare bloccato nel passato. Lasciali andare dicendo dolcemente: "Vi lascio andare, io mi approvo."

Basta solo considerare l'idea di svolgere questo esercizio per far riemergere tante obiezioni come "Mi sembra stupido", "Non mi sembra sincero", "È una bugia", "Suona presuntuoso" o "Come faccio ad approvarmi se mi comporto così?".

Lascia scorrere tutti questi pensieri. Non sono altro che resistenze. Non hanno alcun potere su di te a meno che tu non scelga di crederci.

"Io mi approvo, io mi approvo, io mi approvo." Non importa quel che succede, non importa chi ti dice cosa, continua a ripeterlo. In effetti, se riesci a dirtelo quando qualcuno fa qualcosa che disapprovi, allora ti accorgerai di essere cambiato e di stare evolvendo.

I pensieri non hanno alcun potere su di noi, a meno che non siamo noi ad attribuirglielo. Sono solo parole messe una in fila all'altra. NON HANNO ALCUN SIGNIFICATO. Siamo noi a darglielo. Allora è meglio scegliere di fare pensieri che ci arricchiscono e ci rafforzano.

Una parte del processo di accettazione di sé consiste nel liberarci dalle opinioni degli altri. Se io ti ripetessi di continuo che sei un maiale viola, rideresti di me oppure penseresti che sono impazzita. È molto improbabile che ti lasceresti persuadere. Eppure molte delle cose che abbiamo scelto di credere di noi stessi sono altrettanto assurde e false. Ritenere che la tua autostima dipenda dalla forma del corpo è un po' come convincersi di essere un maiale viola.

Spesso ciò che consideriamo "sbagliato" in noi non è altro che l'espressione della nostra individualità, di quei tratti speciali che ci rendono unici. La natura non si ripete mai. Dall'inizio dei tempi, su questo Pianeta non ci sono mai stati due fiocchi di neve uguali tra loro, né due gocce di pioggia identiche. E ogni margherita è diversa dall'altra. Anche le nostre impronte digitali sono differenti, e noi pure. Siamo destinati a essere diversi. Se riusciamo ad accettarlo, allora non c'è più competizione né confronto. Cercare di essere come un'altra persona significa far avvizzire la propria anima. Siamo venuti al mondo per esprimere chi siamo.

Non avevo la minima idea di chi fossi finché non ho iniziato a imparare ad amare me stessa così come sono, istante per istante.

Metti in pratica la tua consapevolezza

Fai pensieri che ti rendono felice. Fai cose che ti fanno stare bene. Stai con persone che ti fanno sentire bene. Mangia cibi che fanno bene al tuo corpo. Segui un ritmo che ti fa stare bene.

Piantare semi

Pensa a una pianta di pomodoro. Una pianta sana può generare più di cento frutti e, per arrivare a questo risultato, bisogna partire da un piccolo seme essiccato, che non assomiglia assolutamente a una pianta di pomodoro e che sicuramente non ne ha il sapore. Se non lo sapessi con certezza, non crederesti nemmeno che potrebbe trattarsi di una pianta di pomodoro. Ma ammettiamo che tu pianti il seme in un terreno fertile, e che lo innaffi, lasciandolo esposto ai raggi del sole.

Allo spuntare del primo germoglio, non lo calpesteresti dicendo: "Questa non è una pianta di pomodoro." Piuttosto, lo osserveresti ed esclameresti: "Oh che bello! Ecco che spunta!", e lo guarderesti crescere con trepidazione. Nel tempo, continuando a innaffiarlo, a esporlo al sole e a estirpare le erbacce, potresti ritrovarti con una pianta che produce cento pomodori succosi. Ma tutto è partito da un minuscolo seme.

Lo stesso accade quando crei una nuova esperienza. Il suolo su cui semini è la tua mente subconscia. Il seme è l'affermazione e racchiude la nuova esperienza. La innaffi con altre affermazioni. Fai risplendere su di essa il sole dei pensieri positivi. Ripulisci il giardino dalle erbacce estirpando i pensieri negativi che spuntano. E quando scorgi per la prima volta un piccolo indizio, non lo calpesti dicendo: "Non è abbastanza!". Invece, lo osservi ed esclami con gioia: "Oh che bello! Ecco che spunta! Allora funziona!".

Poi lo guardi crescere e diventare la realizzazione del tuo desiderio.

Esercizio: Crea nuovi cambiamenti

Ora è il momento di prendere l'elenco delle cose che ritieni sbagliate in te e trasformarle in affermazioni positive. Oppure puoi fare una lista di tutti i cambiamenti che vuoi fare, selezionarne tre e trasformarli in affermazioni positive.
Supponiamo che questo sia l'elenco dei tuoi aspetti negativi:

- La mia vita è un pasticcio.
- Dovrei perdere peso.
- Nessuno mi ama.
- Voglio trasferirmi.
- Odio il mio lavoro.
- Dovrei organizzarmi meglio.
- Non faccio mai abbastanza.
- Non sono abbastanza bravo.

Puoi trasformarli così:

- Sono disposto a liberarmi dello schema mentale che determina queste condizioni.
- Sono in un processo di cambiamenti positivi.

- Ho un corpo snello e gioioso.
- Sperimento l'amore ovunque vada.
- Vivo in uno spazio perfetto.
- Adesso creo un nuovo meraviglioso lavoro.
- Adesso sono molto ben organizzato.
- Apprezzo tutto quello che faccio.
- Ho fiducia che la vita mi dia il meglio.
- Mi merito il meglio e lo accetto ora.

Amare e approvare se stessi, creare uno spazio di sicurezza, fidarsi, sentirsi degni e aperti permette al tuo peso di normalizzarsi. Riporta ordine nella tua mente, crea relazioni amorevoli nella tua vita, attrae un nuovo lavoro e un nuovo posto dove vivere. È miracoloso il modo in cui cresce una pianta di pomodoro. È miracoloso il modo in cui possiamo realizzare i nostri desideri.

Meritare il bene

Pensi di meritare che i tuoi desideri si avverino? Se la risposta è no, impedirai che accada. Emergeranno circostanze al di fuori del tuo controllo col solo scopo di frustrarti.

Esercizio: Me lo merito

Guardati di nuovo allo specchio e dì: "Merito di avere o essere __________________, e lo accetto ora." Ripetilo due o tre volte.

Come ti senti? Fai sempre attenzione ai tuoi sentimenti, a ciò che accade nel corpo. Ti sembra vero, o ti sembra ancora di non meritarlo?

Se provi qualche sensazione negativa nel corpo, torna ad affermare: "Elimino lo schema della coscienza che ostacola il mio bene." "Io merito ________________________."

Ripetilo finché non provi sentimenti di accettazione, anche se lo devi fare per parecchi giorni di fila.

Filosofia olistica

Per costruire il nuovo, dobbiamo usare un approccio olistico che consiste nell'arricchire e educare tutto l'essere: corpo, mente e spirito. Se ignoriamo una sola di queste aree, siamo incompleti, privi del senso di integrità. Possiamo partire da dove vogliamo, l'importante è non trascurare nessuna area.

Se cominciamo dal corpo, dovremo lavorare sull'alimentazione, capire perché siamo indotti a scegliere certi cibi e bevande, e come condizionano il modo in cui ci sentiamo. Dobbiamo fare le scelte migliori per il nostro benessere fisico. Esistono erbe e vitamine, l'omeopatia e i Fiori di Bach. Potremmo provare i lavaggi del colon.

Magari troveremo una forma di esercizio fisico che ci attrae. L'attività fisica rinsalda le ossa e ci mantiene giovani. Oltre allo sport e al nuoto, prendi in considerazione la possibilità di ballare, fare Tai Chi, arti marziali e yoga. Adoro il mio tappeto elastico e lo uso tutti i giorni. La panca retroversa invece intensifica i miei momenti di relax.

Potremmo provare alcune forme di lavoro sul corpo come il Rolfing, l'Heller Work o Trager, il massaggio, la riflessologia plantare, l'agopuntura o la chiroterapia, tutte tecniche benefiche. Poi c'è anche il Metodo Alexander, la bioenergetica, il Feldenkrais, il Touch of Health e il Reiki.

Con la mente, possiamo provare tecniche di visualizzazione guidate o meno, e affermazioni. Esistono tantissime tecniche psicologiche: la Gestalt, l'ipnosi, il Rebirthing, lo psicodramma, la regressione alle vite passate, l'arteterapia e persino il lavoro sui sogni.

La meditazione, in qualsiasi forma, è un modo meraviglioso per calmare la mente e permettere alla tua "capacità di conoscere" di emergere in superficie. Di solito resto semplicemente seduta con gli occhi chiusi e dico: "Che cosa ho bisogno di sapere?", e poi aspetto con calma una risposta. Se arriva, bene; altrimenti va bene lo stesso. Significa che arriverà in un altro momento.

Si tengono seminari e corsi per tutti i gusti, spesso nei weekend. Essi ti danno la possibilità di cogliere un punto di vista diverso. Nessun seminario può liberarti definitivamente di tutti i tuoi problemi, ma ti offre un supporto utile per cambiare il tuo presente.

Il regno spirituale è fatto di preghiera, di meditazione, e consiste nella connessione con la propria Sorgente Superiore. Per me, perdono e amore incondizionato sono pratiche spirituali.

Esistono anche tanti gruppi spirituali che si rifanno a credo e filosofie diverse. Ci sono moltissimi sentieri possibili e se uno non funziona, provane un altro. Non posso dirti qual è quello giusto per te. Nessun metodo, persona o gruppo ha tutte le risposte che cerchi. Nemmeno io. Io non sono altro che un altro passo in avanti lungo il tuo percorso di guarigione olistica.

Nello spazio infinito della mia vita,
tutto è perfetto, integro e completo.
La mia vita si rinnova costantemente.
Ogni istante della mia vita è nuovo, fresco, vitale.
Uso le affermazioni positive per creare esattamente ciò che voglio.
Oggi è un nuovo giorno. Sono una nuova persona.
Penso in modo diverso. Parlo in modo diverso.
Agisco in modo diverso.
Gli altri mi trattano in modo diverso.
Il mio nuovo mondo è un riflesso del mio nuovo modo di pensare.
È una gioia e un piacere piantare nuovi semi, perché so che
essi diventeranno le mie nuove esperienze.
Va tutto bene nel mio mondo.

Capitolo Nove

Lavoro giornaliero

Sono felice di esercitare le mie nuove capacità mentali.

Se i bambini si arrendessero alla prima caduta, non imparerebbero mai a camminare

Come ogni altra cosa che stai imparando, ci vuole pratica per farla diventare parte della tua vita. All'inizio è necessario avere molta concentrazione e alcuni di noi la considerano una fase di "duro lavoro". Non mi piace vederla così, ma piuttosto come qualcosa di nuovo da apprendere.

Il processo di apprendimento è sempre lo stesso a prescindere dall'argomento, sia che tu stia imparando a guidare, a usare il computer, a giocare a tennis o a pensare positivo. All'inizio, annaspiamo e combiniamo qualche guaio, mentre la nostra mente subconscia impara per tentativi, eppure, ogni volta che ci riproviamo, è sempre più facile, e i risultati sono migliori. Ovviamente non raggiungerai la perfezione al primo giorno. Farai quel che puoi. Ma è sufficiente per cominciare.

Ripetiti spesso: "Sto facendo del mio meglio."

Incoraggiati sempre

Ricordo ancora molto bene la mia prima conferenza. Quando sono scesa dal palco, mi sono subito detta: "Louise, sei stata meravigliosa. Per essere la tua prima volta sei stata fantastica! Una volta che lo avrai fatto per cinque o sei volte sarai diventata una professionista."

Qualche ora dopo mi sono detta: "Penso che potrei cambiare un paio di cose. Sistemerei questo aspetto, perfezionerei quest'altro." Mi sono assolutamente rifiutata di criticarmi.

Se fossi scesa dal palco e avessi cominciato a rimproverarmi dicendo: "Oh, sei stata orribile; hai fatto questo errore" sarei stata terrorizzata al pensiero della successiva conferenza. Come avevo previsto, la seconda andò meglio della prima e alla sesta mi sentivo una vera professionista.

Osserva la "Legge" agire tutt'intorno a te

Appena prima che cominciassi a scrivere questo libro, ho comprato un computer e l'ho battezzato "Magica Signora". Volevo apprendere qualcosa di nuovo e ho scoperto che imparare a usare il computer è molto simile allo studio delle Leggi Spirituali. Una volta apprese le regole del computer, la Signora ha fatto veramente delle "magie" per me. Se non seguivo le sue leggi alla lettera, o non succedeva niente o non funzionava come avrei voluto. Non si spostava di una virgola. Potevo arrabbiarmi quanto volevo mentre lei aspettava pazientemente che imparassi le sue norme, e poi mi regalava le sue magie. C'è voluta un po' di pratica.

È lo stesso con il lavoro che stai imparando a fare. Devi apprendere le Leggi Spirituali e seguirle alla lettera. Non puoi piegarle al tuo vecchio modo di pensare. Devi imparare e scelsi il nuovo linguaggio, e quando lo fai, la "magia" si manifesterà nella tua vita.

Consolida il tuo apprendimento

Più modi trovi per consolidare le cose nuove che hai imparato, meglio è. Eccone alcuni:

- Esprimere gratitudine
- Scrivere affermazioni
- Meditare
- Fare esercizio fisico
- Alimentarsi in modo sano
- Pronunciare le affermazioni ad alta voce
- Pronunciare le affermazioni cantando
- Prendersi del tempo per svolgere gli esercizi di rilassamento
- Usare la visualizzazione e le immagini mentali
- Leggere e studiare

Il mio lavoro quotidiano

Il mio lavoro quotidiano è più o meno questo.

I miei primi pensieri al risveglio, prima ancora di aprire gli occhi, sono di ringraziamento per tutto quello che mi viene in mente.

Dopo la doccia, mi prendo mezz'ora circa per meditare e ripetere le mie affermazioni e le preghiere.

Poi, dopo circa quindici minuti di esercizio, di solito sul tappeto elastico, a volte seguo il programma di aerobica delle 6.00, alla televisione.

Ora sono pronta per fare colazione, che consiste in frutta, succhi di frutta e tisana. Ringrazio Madre Terra per avermi offerto questo cibo e ringrazio il cibo per dare la sua vita e nutrirmi.

Prima di pranzo, mi piace fare qualche affermazione ad alta voce, davanti allo specchio; a volte le canto:

- *Louise, sei meravigliosa e ti amo.*
- *Questo è uno dei giorni più belli della mia vita.*
- *Tutto opera per il mio bene.*
- *Qualsiasi cosa di cui ho bisogno, mi viene data.*
- *Qualsiasi cosa che devo sapere, mi viene rivelata.*
- *Va tutto bene ;-)*

A pranzo, spesso mangio una bella insalata. Ancora una volta, benedico il cibo e lo ringrazio.

Nel tardo pomeriggio, passo qualche minuto sulla panca retroversa, rilassando profondamente il corpo e talvolta ascoltando un nastro di meditazione.

A cena mangio verdure al vapore e cereali. A volte mangio anche del pesce o del pollo. Il mio corpo lavora meglio se lo alimento con cibi semplici. Mi piace cenare con gli altri e ci benediciamo reciprocamente oltre a farlo col cibo.

A volte, di sera, mi prendo un po' di tempo per leggere e studiare.

C'è sempre qualcosa da imparare. In queste ore della giornata, mi capita anche di scrivere dieci o venti volte la mia affermazione del momento.

Quando vado a letto, raccolgo i pensieri. Ritorno agli avvenimenti della giornata e benedico ogni attività. Affermo che dormirò bene e profondamente, risvegliandomi al mattino fresca e radiosa, entusiasta di iniziare un nuovo giorno.

È un lavoro intenso, vero? All'inizio, sembra una fatica, ma dopo poco, il tuo nuovo modo di pensare diventa parte della tua vita, come fare il bagno o lavarsi i denti. Lo fai automaticamente e con facilità.

Sarebbe meraviglioso per una famiglia svolgere queste attività insieme al mattino. Meditare insieme per cominciare la giornata o prima di cena infondere pace e armonia in ciascuno. Se pensi di non averne il tempo, prova ad alzarti mezz'ora prima. I benefici che ne trarrai varranno lo sforzo.

E tu, come inizi la tua giornata?

Qual è la prima cosa che dici al mattino quando ti svegli? Tutti noi abbiamo frasi che pronunciamo quasi ogni giorno. La tua è positiva o negativa? Ricordo quando mi svegliavo la mattina e dicevo con un lamento: "Oddio, un altro giorno." E poi mi ritrovavo a vivere una pessima giornata, con una seccatura dopo l'altra. Adesso, invece, quando mi sveglio, prima ancora di aprire gli occhi, ringrazio il letto per il bel sonno che mi ha concesso. Dopo tutto abbiamo passato la notte comodamente insieme. Poi, sempre con gli occhi chiusi, passo circa dieci minuti ringraziando per il bene presente nella mia vita. Faccio un piccolo programma per la giornata, affermando che tutto andrà bene e che mi divertirò. Poi mi alzo, do inizio alla mia meditazione della mattina o prego.

Meditazione

Concediti ogni giorno un po' di tempo per meditare. Se è una cosa nuova per te, comincia con cinque minuti. Siediti tranquillamente, ascolta il tuo respiro e permetti ai pensieri di scorrere delicatamente attraverso la mente. Non dare loro importanza e vedrai che se ne andranno. È nella natura della mente pensare, quindi non cercare di impedirglielo.

Ci sono tanti corsi e libri che possono insegnarti l'arte della meditazione. A prescindere da come e da dove parti, alla fine creerai il metodo migliore per te. Di solito io mi siedo tranquillamente e chiedo: "Cosa ho bisogno di sapere?". Lascio che la risposta venga da sé, se così dev'essere, altrimenti so che sopraggiungerà più tardi. Non esiste un modo giusto o sbagliato di meditare.

Un'altra forma di meditazione consiste nel sedersi tranquillamente e osservare il respiro mentre entra ed esce dal corpo. Quando inspiri, conta uno, quando espiri, conta due. Continua a contare fino a dieci, poi riparti da uno. Se ti accorgi di essere arrivato a contare fino a venticinque, ricomincia da uno.

Avevo una cliente che mi sembrava brillante e intelligente. Era dotata di una mente insolitamente pronta e veloce, e aveva un gran senso dell'umorismo. Malgrado tutto, però, non riusciva a passare all'azione. Era sovrappeso, economicamente spiantata, frustrata nel lavoro e senza un compagno da molti anni ormai. Fece suoi tutti i concetti metafisici molto rapidamente; avevano un grande significato per lei. Tuttavia era troppo veloce, troppo intelligente. Trovava difficile rallentare a sufficienza tanto da mettere in pratica quelle idee che, a livello mentale, aveva accettato così rapidamente.

La meditazione quotidiana l'aiutò molto. Cominciammo con soli cinque minuti al giorno e a poco a poco siamo passate a quindici e poi a venti.

Esercizio: Affermazioni quotidiane

Prendi una o due affermazioni e scrivile dieci o venti volte al giorno. Leggile ad alta voce con entusiasmo. Fanne una canzone e cantala con gioia. Lascia che la tua mente ripensi a esse nel corso della giornata. Le affermazioni che vengono usate costantemente diventano convinzioni e danno sempre dei risultati, a volte in modi che non immaginiamo nemmeno.

Una delle mie convinzioni è avere sempre dei buoni rapporti con il padrone di casa. L'ultimo che ho avuto a New York era un uomo conosciuto per essere molto difficile, e tutti i suoi inquilini si lamentavano. Nei cinque anni che ho vissuto lì l'ho visto solo tre volte. Quando decisi di trasferirmi in California, scelsi di vendere tutto quello che avevo e ricominciare da zero, libera dal passato. Iniziai a fare affermazioni come:

- Tutti i miei averi vengono venduti rapidamente e con facilità.

- Il trasloco avviene con semplicità.
- Ogni cosa funziona secondo il Giusto Ordine Divino.
- Va tutto bene.

Non pensavo a quanto sarebbe stato difficile vendere le mie cose, né a dove avrei dormito le ultime notti, o ad altre idee negative. Continuai semplicemente a fare le mie affermazioni. Be', i miei clienti e gli allievi comprarono subito tutte le mie cose e gran parte dei libri. Con una lettera, informai il padrone di casa che me ne andavo e con mia grande sorpresa, ricevetti una telefonata con la quale volle esprimere il suo rammarico per la mia partenza. Si offrì di scrivere una lettera di referenze al mio nuovo padrone di casa in California e mi propose di comprare il mio mobilio, perché aveva intenzione di affittare l'appartamento ammobiliato.

La mia Coscienza Superiore aveva messo insieme le due convinzioni in un modo sorprendente: "Ho sempre buoni rapporti con il mio padrone di casa" e "Tutti i miei averi vengono venduti rapidamente e con facilità." Con stupore degli altri affittuari, potei dormire nel mio letto e in un appartamento comodamente arredato fino all'ultimo momento, ED ESSERE PAGATA PER QUESTO! Me ne andai con pochi abiti, la mia centrifuga, il frullatore, l'asciugacapelli e la macchina da scrivere, più un assegno sostanzioso. Presi il treno per Los Angeles completamente rilassata.

Non credere alle limitazioni

Al mio arrivo in California, dovetti acquistare una macchina. Non ne avevo mai posseduta una prima di allora, né avevo mai fatto prima un acquisto così grande, perciò non avevo credito in banca. Essere donna, per giunta una libera professionista, non aiutava la situazione. Del resto, non volevo spendere tutti i miei risparmi per una macchina nuova. Riuscire a trovare un finanziamento fu un vero e proprio terno al lotto.

Mi rifiutai di formulare pensieri negativi sulla situazione o sulle banche. Presi un'auto a noleggio e continuai ad affermare: "Ho una macchina nuova bellissima, e non ho fatto alcuna fatica."

A tutte le persone che incontravo dicevo che volevo comprare un'auto nuova e che non ero riuscita a ottenere un finanziamento, fino a quel momento. Nel giro di tre mesi, conobbi una imprenditrice a cui piacqui istantaneamente. Dopo che le ebbi raccontato le mie vicissitudini con la macchina, mi disse: "Oh, be', lascia che me ne occupi io."

Chiamò in banca un'amica che le doveva un favore e le disse che ero una sua "vecchia" conoscente, fornendo su di me le migliori referenze. Dopo tre giorni, uscii da un concessionario a bordo di un'auto fiammante.

Più che eccitazione, il mio era una sorta di timore reverenziale per come si erano svolti gli eventi. Credo che la ragione per cui ci siano voluti tre mesi affinché la macchina apparisse nella mia vita sia stata che non mi ero mai impegnata a pagare rate mensili prima di allora: il mio bambino interiore era spaventato e aveva bisogno di tempo per raccogliere il coraggio di fare il grande passo.

Esercizio: Io amo me stesso

Do per scontato che tu stia già ripetendo continuamente: "Io mi approvo." È un solido fondamento. Continua a ripeterlo per almeno un mese.

Adesso prendi un blocco per gli appunti e in cima alla prima pagina scrivi: "IO AMO ME STESSO, QUINDI…".

Completa la frase in tutti i modi possibili. Rileggila ogni giorno e aggiungi ogni nuova idea che ti viene in mente. Se puoi, lavora con un partner. Tenetevi per mano e ripetete alternativamente: "Io amo me stesso, quindi…". Il più grande vantaggio di questo esercizio è che ti rendi conto di come sia impossibile sminuirti quando dici che ti ami.

Esercizio: Rivendicare il nuovo

Visualizza o immagina nel dettaglio come vorresti diventare, o quello che vorresti fare. Senti, vedi, assapori, tocchi, ascolti quello su cui stai lavorando. Nota la reazione degli altri al tuo nuovo stato. Fai in modo di stare bene a prescindere dalle loro reazioni.

Esercizio: Espandere il tuo sapere

Leggi il più possibile per espandere la tua consapevolezza e comprensione di come funziona la mente. C'è tanto sapere a tua disposizione là fuori. Questo libro è solo UN PASSO lungo il tuo cammino! Assumi altri punti di vista. Ascolta come la vedono gli altri. Studia con un gruppo per un certo periodo fino ad andare oltre le loro cognizioni.

È un lavoro che dura tutta la vita. Più impari, più sai, più metti in pratica le tue conoscenze, meglio ti senti, e più bella sarà la tua vita. Svolgere questo lavoro TI FA SENTIRE BENE!

I primi risultati

Utilizzando più metodi possibili, inizierai a ottenere i primi risultati. Nella tua vita avverranno piccoli miracoli, piccole magie. Le cose che sei pronto a eliminare se ne andranno da sole. Ciò che desideri invece comparirà dal nulla. Otterrai doni speciali che non avresti neanche osato immaginare!

Sono rimasta piacevolmente sorpresa di come, dopo pochi mesi di lavoro mentale, ho iniziato a sembrare più giovane. Oggi dimostro dieci anni di meno rispetto a dieci anni fa!

Ama ciò che sei e quello che fai. Ridi, prendi te stesso e la vita con leggerezza, e vedrai che niente potrà scalfirti. È tutto transitorio, nella prossima vita farai le cose diversamente, quindi perché non provarci fin da subito?

Potresti leggere uno dei libri di Norman Cousins. È guarito da una malattia mortale con la risata. Purtroppo non ha modificato gli schemi mentali che avevano sviluppato la malattia e quindi ne ha creata un'altra. Ma grazie alla risata è riuscito a guarire anche da quella!

Ci sono tanti modi di approcciarsi alla guarigione. Provali tutti, e poi usa quelli che ti ispirano di più.

Quando vai a letto la sera, chiudi gli occhi e sii riconoscente di tutto il bene nella tua vita, così ne attirerai ancora di più.

Evita di ascoltare le ultime notizie o di guardare la Tv prima di addormentarti. I telegiornali non sono altro che un ricettacolo di disastri: non vorrai certo portarteli nei sogni. Durante il sonno, viene svolto un enorme lavoro di purificazione e puoi chiedere ai sogni di aiutarti a sbrogliare le problematiche su cui stai lavorando. Spesso al mattino trovi la risposta che cercavi.

Vai a letto sereno. Confida nel fatto che la vita è dalla tua parte e che si prende cura di tutto per il tuo massimo bene e la tua suprema felicità.

Non c'è bisogno di trasformare questo lavoro in una faticaccia. Può essere un processo divertente, come un gioco. Puoi farlo con gioia. Dipende da te! Anche esercitare il perdono e rilasciare il risentimento può essere divertente, se vuoi che lo sia. Crea una canzoncina sulla persona o sulla situazione che fai fatica a lasciare andare. Un ritornello cantato alleggerisce l'intero processo. Quando lavoro privatamente con i clienti, appena posso uso la risata come strumento di guarigione. Prima ridiamo della cosa, prima riusciamo a liberarcene.

Se vedessi i tuoi problemi rappresentati sul palco da un comico, ti piegheresti in due dalle risate. Tragedia e comicità sono la stessa cosa. Dipende solo dal tuo punto di vista! "Oh, che sciocchi siamo noi mortali."

Fai il possibile per rendere il tuo processo di trasformazione una gioia e un piacere. Divertiti!

Nello spazio infinito della mia vita,
tutto è perfetto, integro e completo.
Sostengo me stesso e la vita mi sostiene a sua volta.
Sono testimone di come agisce la Legge attorno a me
e in ogni ambito della mia esistenza.
Rinsaldo le mie conoscenze in modi gioiosi.
Inizio le mie giornate con gratitudine e gioia.
Attendo con entusiasmo le avventure del giorno,
sapendo che nella mia vita "Va tutto bene".
Amo ciò che sono e tutto quello che faccio.
Sono l'espressione della vita, colma di amore e felicità.
Va tutto bene nel mio mondo.

Parte Terza

Mettere in pratica queste idee

Capitolo Dieci

Le relazioni

Tutte le mie relazioni sono armoniose.

Pare che la vita intera sia fatta di relazioni. Ne instauriamo di continuo con tutto e tutti. In questo momento, ne hai una persino con il libro che stai leggendo, e con me, con le mie idee.

Le relazioni che hai con gli oggetti, con gli alimenti, con il clima, con i mezzi di trasporto e con le persone riflettono il rapporto che hai con te stesso. Quest'ultimo è fortemente influenzato dal rapporto che avevi da bambino con gli adulti. Il modo in cui gli adulti reagivano nei nostri confronti spesso coincide con il modo in cui ci comportiamo verso noi stessi oggi, sia in positivo che in negativo.

Pensa per un attimo alle parole che usi per rimproverarti. Non sono forse le stesse che usavano i tuoi genitori quando ti sgridavano? Che parole usavano invece per lodarti? Sono certa che adoperi le stesse per approvarti.

Forse però non ti hanno mai lodato, quindi adesso non hai idea di come farlo e probabilmente pensi di non avere nulla di apprezzabile. Con questo non voglio affatto incolpare i nostri genitori, perché siamo tutti vittime di vittime. Non potevano certo insegnarti cose che nemmeno loro conoscevano.

Sondra Ray, la grande terapeuta di Rebirthing che ha lavorato tantissimo sulle relazioni, sostiene che ogni rapporto importante è il riflesso di quello che avevamo con uno dei nostri genitori. Aggiunge poi che se non lo risaniamo, non saremo mai liberi di creare ciò che vogliamo nei rapporti con gli altri.

Le relazioni ci rispecchiano. Ciò che attraiamo riflette sempre le nostre qualità o le convinzioni sui rapporti. Questo è vero sia che si tratti del capo, di un collega, di un dipendente, di un amico, di un amante, del compagno, di un figlio. Gli aspetti che non ti piacciono di queste persone sono gli stessi che hai tu, o coincidono con le tue credenze. Non potresti attrarle se il loro modo di essere non fosse complementare alla tua vita.

Esercizio: Noi contro loro

Pensa per un attimo a qualcuno che ti innervosisce. Descrivi tre sue caratteristiche che non ti piacciono e che vorresti cambiasse.

Ora guarda in profondità dentro di te e chiediti: "Dove gli assomiglio e quando mi comporto allo stesso modo?".

Chiudi gli occhi e concediti qualche minuto. Poi chiediti se SEI DISPOSTO A CAMBIARE. Una volta che hai rimosso schemi mentali, abitudini e convinzioni dal tuo modo di pensare e di comportarti, o quella persona cambierà oppure uscirà dalla tua vita.

Se hai un capo che ti critica continuamente ed è impossibile accontentarlo, guardati dentro. Anche tu lo fai a qualche livello, oppure hai questa convinzione: "I capi criticano sempre ed è impossibile accontentarli."

Se hai un dipendente che non segue le tue direttive o non rispetta le scadenze, cerca di capire in che campo anche tu hai lo stesso atteggiamento e cerca di cambiarlo. Licenziarlo sarebbe troppo facile e non correggerebbe il tuo schema mentale.

Se un collega non collabora e non lavora in team, cerca di

capire come potresti averlo attratto. In quale contesto sei poco collaborativo tu stesso?

Se hai un amico inaffidabile che non sa starti vicino, guardati dentro. In quali situazioni ti mostri inaffidabile e non sai stare vicino agli altri? O è una tua credenza?

Se il partner è freddo e poco affettuoso, scopri se nutri la convinzione, derivata dai tuoi genitori, secondo cui "l'amore è freddo e non affettuoso".

Se tuo marito o tua moglie brontola sempre e non ti sostiene, ancora una volta ripensa alle convinzioni sviluppate nell'infanzia. Avevi un genitore brontolone e demotivante? Lo sei tu?

Se le abitudini di tuo figlio ti irritano, ti garantisco che sono le stesse che hai tu. I figli imparano imitando gli adulti che li circondano. Eliminale per primo e vedrai che anche tuo figlio cambierà atteggiamento.

Questo è l'unico modo per cambiare gli altri: cambiare prima se stessi. Cambia gli schemi mentali e vedrai che anche gli altri appariranno trasformati.

Biasimare è inutile, ci priva del nostro potere, che invece deve essere conservato, perché senza di esso non puoi apportare cambiamenti. Una vittima impotente non è in grado di vedere la via d'uscita.

Attrarre l'amore

L'amore arriva quando meno ce lo aspettiamo, quando non lo stiamo cercando. Andare a caccia dell'amore non porta mai il partner giusto. Crea solo struggimento e infelicità. L'amore non è mai all'esterno: è dentro di noi.

Non ostinarti a pretendere che arrivi subito. Forse non sei ancora pronto, oppure non ti sei evoluto sufficientemente per attrarre l'amore che desideri. Non ti accontentare tanto per avere qualcuno vicino. Stabilisci quali sono i tuoi standard. Che tipo di amore vuoi attrarre? Fai un elenco delle tue qualità e attrarrai una persona con le stesse caratteristiche.

Potresti riflettere su ciò che tiene lontano l'amore. Criticare? Sentirsi indegni? Standard irraggiungibili? Aspirazioni da diva/divo? Paura dell'intimità? La convinzione di non essere amabile?

Tieniti pronto per l'amore quando arriva. Prepara il terreno e sii disposto a nutrirlo. Sii amabile e verrai amato. Sii aperto e ricettivo all'amore.

Nello spazio infinito della mia vita,
tutto è perfetto, integro e completo.
Vivo in armonia ed equilibrio con tutte le persone che conosco.
Nel profondo, al centro del mio essere,
c'è una inesauribile fonte d'amore.
Ora permetto a questo amore di fluire in superficie.
Esso riempie il mio cuore, il corpo, la mente, la coscienza,
tutto il mio essere, e si irradia all'esterno in ogni
direzione, per poi tornare a me moltiplicato.
Più amore adopero e dono, più ne ho da dare.
Le scorte sono infinite.
Usare l'amore mi fa stare bene;
è un'espressione della mia gioia interiore. Io amo me stesso;
quindi mi prendo amorevole cura del mio corpo.
Lo nutro amorevolmente con cibi e bevande che lo arricchiscono,
amorevolmente lo mantengo pulito e lo vesto;
e il mio corpo amorevolmente
risponde sprizzando salute ed energia.
Io amo me stesso; quindi mi procuro una casa confortevole,
che soddisfi tutti i miei bisogni e nella quale sia piacevole stare.
Riempio le sue stanze con la vibrazione dell'amore
affinché tutti quelli che vi entrano, compreso me,
la sentano e ne siano arricchiti.

Io amo me stesso; quindi faccio un lavoro che mi piace veramente
e che sfrutta le mie doti e le mie abilità creative.
Lavoro con e per le persone che amo e che mi amano,
e guadagno uno stipendio adeguato.
Io amo me stesso; quindi mi comporto e penso con amore
nei confronti di tutti perché so che ciò che dono agli altri
mi ritorna moltiplicato.
Nel mio mondo attraggo solo persone amorevoli,
riflesso di ciò che sono io.
Io amo me stesso; quindi perdono e lascio andare il passato
e tutte le esperienze trascorse: sono libero.
Io amo me stesso; quindi vivo completamente nel presente,
godendo del bene racchiuso in ogni istante,
confidando nel fatto che il futuro sarà luminoso, felice e sicuro,
perché sono un figlio beneamato dell'Universo
e l'Universo si prende amorevolmente cura di me adesso
e per sempre.
Va tutto bene nel mio mondo.

Capitolo Undici

Il lavoro

Sono profondamente soddisfatto di quel che faccio.

Non ti piacerebbe che l'affermazione qui sopra fosse vera per te? Forse però ti sei limitato facendo qualcuno di questi pensieri:

- Non sopporto il mio lavoro.
- Odio il mio capo.
- Non guadagno abbastanza.
- Al lavoro nessuno mi apprezza.
- Non vado d'accordo con i colleghi.
- Non so cosa voglio fare.

Si tratta di pensieri negativi e difensivi. Che razza di posizione speri di ottenere pensando queste cose? È un approccio completamente sbagliato al problema.

Se non t'importa nulla del tuo impiego, se vuoi cambiare ruolo, se stai avendo problemi al lavoro o se sei disoccupato, il modo migliore per gestire la situazione è iniziare a pensare con amore alla tua posizione attuale. Comprendi che si tratta solo di un passo lungo il cammino. Sei dove sei a causa dei tuoi schemi mentali. Se "loro" non ti trattano come vorresti, significa che c'è uno schema nella tua coscienza che attrae questo comportamento. Quindi, mentalmente, valuta il tuo impiego attuale, o l'ultimo che hai avuto, e inizia a ripensarlo con amore: l'edificio, gli ascensori o le scale, le stanze, l'arredamento e le attrezzature, i tuoi capi, i tuoi colleghi e i clienti.

Comincia ad affermare: "Ho sempre lavorato per i capi migliori", "Il mio capo mi ha sempre trattato con rispetto e cortesia" e "Il mio capo è generoso ed è facile lavorare con lui." Queste affermazioni ti accompagneranno per tutta la vita e se diventerai un capo, ti comporterai allo stesso modo.

Un mio giovane cliente stava per iniziare un nuovo lavoro ed era nervoso. Ricordo di avergli detto: "Perché non dovresti fare bene? Avrai sicuramente successo. Apri il tuo cuore e lascia fluire le tue doti. Invia amore all'azienda, ai colleghi, ai capi e ai clienti e tutto andrà bene."

Lo fece ed ebbe un grande successo.

Se vuoi lasciare il lavoro, allora inizia ad affermare che lo lasci andare con amore affidandolo alla persona che sarà felice di averlo. Sappi che ci sono persone là fuori che stanno cercando esattamente ciò che hai da offrire e la vita, anche adesso, vi metterà in contatto.

Affermazioni per il lavoro

"Sono totalmente aperto e ricettivo per una nuova, meravigliosa posizione nella quale poter usare le mie doti e le mie capacità, e che mi permetta di esprimermi creativamente e di sentirmi realizzato. Lavoro per e con persone che amo e che mi amano e mi rispettano, in un luogo bellissimo e con uno stipendio soddisfacente."

Se al lavoro c'è qualcuno che ti infastidisce, inviagli amore tutte le volte che pensi a lui o lei. Ciascuno di noi ha in sé ogni tipo di qualità. Se questa persona ti critica, inizia ad affermare che è piena di amore e pregi. Se è brontolona, afferma che è allegra e divertente. Se è crudele, afferma che è gentile e compassionevole. Se vedi solo gli aspetti positivi delle persone, ti accorgerai che sono proprio quelli che ti vengono mostrati, a prescindere da come esse si comportano nei confronti degli altri.

Esempio

Il nuovo lavoro del mio cliente consisteva nel suonare il pianoforte in un locale il cui proprietario era famoso per essere scortese e meschino. I suoi dipendenti lo chiamavano "Signor Morte", alle sue spalle. Mi chiese come poteva gestire la situazione.

Risposi: "Ogni persona ha in sé tutte le qualità. Il modo in cui gli altri reagiscono a lui non è affar tuo. Quando pensi al tuo capo, inviagli amore. Continua ad affermare: 'Lavoro sempre per capi meravigliosi.' Ripetilo il più possibile."

Seguì il mio consiglio e fece proprio così. Cominciò a ricevere saluti calorosi dal proprietario che prese anche a dargli degli extra e lo ingaggiò per suonare in molti altri locali. Gli altri dipendenti, che invece gli inviavano pensieri negativi, continuavano a essere maltrattati.

Se ti piace il tuo lavoro, ma senti di non essere pagato abbastanza, inizia a inviare amore al tuo attuale stipendio. Esprimere gratitudine per ciò che abbiamo già lo fa crescere. Afferma di aprire la tua coscienza a una prosperità più grande, e che PARTE di essa è un salario maggiore. Afferma di meritare un aumento, non con motivazioni negative, ma perché sei una grande risorsa per l'azienda e i dirigenti vogliono condividere i profitti con te. Fai sempre del tuo meglio al lavoro, perché allora l'Universo saprà che sei pronto per sollevarti, da dove ti trovi, a un posto di livello superiore.

È stata la tua coscienza a metterti nel luogo in cui sei ora: ti farà restare lì o ti innalzerà a una posizione migliore. Dipende da te.

Nello spazio infinito della mia vita,
tutto è perfetto, integro e completo.
Le mie doti e capacità creative uniche fluiscono attraverso di me
e trovano espressione in molti modi diversi.
Ci sono persone là fuori che sono sempre
alla ricerca dei miei servizi.
Sono molto richiesto e posso selezionare e scegliere ciò che voglio fare.
Guadagno bene occupandomi di ciò che mi dà soddisfazione.
Il mio lavoro è una gioia e un piacere.
Va tutto bene nel mio mondo.

Capitolo Dodici

Il successo

Ogni esperienza è un successo.

Che cosa significa "fallimento"? Significa che qualcosa non è andato come volevi o speravi? La legge dell'esperienza non sbaglia un colpo. Proiettiamo nella realtà i nostri pensieri e le nostre convinzioni recondite. Devi aver trascurato un passaggio oppure nutrivi l'intima convinzione di non meritare quella cosa, o non ti sentivi degno.

È lo stesso quando lavoro con il mio computer. Se c'è un errore, è sempre colpa mia. Vuol dire che c'è qualcosa che non ho fatto per conformarmi alle leggi della macchina. Significa semplicemente che c'è dell'altro per me da imparare.

Il vecchio detto: "Provando e riprovando..." è verissimo! Però non implica la necessità di autoflagellarsi e continuare alla stessa maniera di sempre, bensì riconoscere i propri errori e riprovarci in un altro modo, finché non impari a farlo correttamente.

Ritengo che sia un nostro diritto naturale passare da un successo all'altro nella vita. Se ciò non accade, significa che non siamo in sintonia con le nostre capacità innate, oppure che non crediamo che possa valere per noi, o ancora che non riconosciamo i nostri successi.

Se stabiliamo obiettivi troppo elevati rispetto al punto in cui ci troviamo, traguardi che non abbiamo possibilità di raggiungere in questo momento, allora falliremo sempre.

Quando un bambino impara a camminare o a parlare, lo incoraggiamo e lo lodiamo per ogni piccolo miglioramento. Di rimando, lui ci guarda raggiante e cerca con tutte le forze di fare meglio. È questo il modo in cui ti incoraggi quando impari qualcosa di nuovo? Oppure rendi l'apprendimento un'impresa difficile dicendoti che sei stupido o goffo o un "fallito"?

Molte attrici e attori sentono di dover recitare in modo perfetto sin dalla prima prova. Ricordo loro che lo scopo delle prove è imparare, si tratta di un periodo in cui è normale fare errori e cercare nuovi modi di apprendere. Solo attraverso la pratica costante impariamo ciò che è nuovo e lo facciamo diventare parte di noi. Quando osservi un professionista di successo, stai guardando innumerevoli ore di pratica ed esercizio.

Non fare come me, che mi rifiutavo di provare cose nuove perché non sapevo come farle e non volevo sembrare stupida. Il processo di apprendimento prevede anche di sbagliare, finché la nostra mente subconscia non riesce a mettere insieme le immagini giuste.

Non importa quanto a lungo hai pensato a te come a un fallito; adesso puoi iniziare a creare un modello di "successo", a prescindere dall'ambito in cui vuoi operare. I principi sono identici. Dobbiamo piantare i "semi" del successo. Essi ci daranno un raccolto abbondante.

Ecco alcune affermazioni per il successo:

- L'Intelligenza Divina mi dà tutte le idee che posso mettere a frutto.
- Dove metto le mani ottengo un successo.
- C'è abbondanza per tutti, compreso me.
- Ci sono clienti in abbondanza interessati alle mie prestazioni.

- Stabilisco una nuova consapevolezza del successo.
- Entro nel Circolo dei Vincitori.
- Attraggo la Prosperità Divina.
- Sono colmo di felicità e fortuna, al di là dei miei sogni più rosei.
- Attraggo ricchezze di ogni sorta.
- Sono disseminate ovunque per me occasioni d'oro.

Scegli una di queste affermazioni e ripetila per parecchi giorni. Poi prendine un'altra e fai la stessa cosa. Permetti a queste idee di permeare la tua coscienza. Non preoccuparti di come realizzarle: le opportunità si presenteranno. Confida nella tua Intelligenza Interiore che ti guiderà e ti consiglierà. Meriti di avere successo in ogni ambito della tua vita.

Nello spazio infinito della mia vita,
tutto è perfetto, integro e completo.
Vivo in armonia ed equilibrio con tutte le persone che conosco.
Sono tutt'uno con il Potere che mi ha creato.
Ho dentro di me tutti gli ingredienti per il successo.
Ora permetto alla formula per il successo di fluire attraverso di me
e di manifestarsi nel mio mondo.
Tutto ciò verso cui sono guidato e sospinto sarà un successo.
Imparo da ogni esperienza.
Passo da un successo all'altro, da un tripudio a un altro.
Il mio cammino è composto da una serie di pietre miliari
che mi portano verso una realizzazione sempre maggiore.
Va tutto bene nel mio mondo.

Capitolo Tredici

La prosperità

Mi merito il meglio e ora lo accetto.

Se vuoi che l'affermazione d'apertura sia vera per te, allora non devi credere a nessuna delle frasi elencate sotto:

- I soldi non crescono sugli alberi.
- I soldi sono qualcosa di sporco e infimo.
- I soldi rappresentano il male.
- Sono povero, ma pulito (o buono).
- I ricchi sono corrotti.
- Non voglio avere soldi e diventare arrogante.
- Non riuscirò mai a trovare un buon lavoro.
- Non riuscirò mai a diventare ricco.
- I soldi se ne vanno più in fretta di quanto ci voglia per guadagnarli.
- Ho sempre debiti.
- Chi è povero lo sarà per sempre.
- I miei genitori erano poveri e anche io lo sarò.
- Gli artisti fanno la fame.
- Solo chi truffa e imbroglia riesce ad arricchirsi.
- Tutti gli altri vengono prima di me.
- Oh, non posso farmi pagare così tanto.

- Non me lo merito.
- Non sono abbastanza bravo per riuscire a fare soldi.
- Non dire mai a nessuno quanto hai in banca.
- Non prestare mai soldi.
- Un centesimo risparmiato è un centesimo guadagnato.
- Metti da parte i soldi per i giorni bui.
- Quelli che hanno i soldi mi fanno rabbia.
- I soldi si guadagnano solo col duro lavoro.

Quante di queste convinzioni ti appartengono? Pensi davvero che credere certe cose possa farti ottenere la prosperità?

È un modo di pensare vecchio e limitato. Forse è quello che la tua famiglia credeva sul denaro, perché le credenze familiari diventano anche le nostre se non le rilasciamo consciamente. A prescindere da dove arrivino, esse devono lasciare la nostra coscienza se vogliamo prosperare.

Per me, la vera prosperità inizia col sentirsi bene con se stessi; è la libertà di fare ciò che vuoi quando vuoi. Non si tratta di una somma di denaro, ma di uno stato mentale. La prosperità, o la sua mancanza, è l'espressione esteriore delle idee che hai in testa.

Meritare

Se non accettiamo l'idea che "meritiamo" di prosperare, allora anche se l'abbondanza ci cadesse in grembo, in qualche modo la rifiuteremmo. Osserva questo esempio: un allievo dei miei corsi lavorava con l'obiettivo di aumentare la sua ricchezza. Un giorno venne a lezione eccitatissimo perché aveva vinto cinquecento dollari. Continuava a dire: "Non riesco ancora a crederci! Non vinco mai niente." Sapevamo che si trattava del riflesso del cambiamento attuato nella sua coscienza. Ma continuava a sentire di non meritarselo davvero. La settimana successiva non poté venire al corso perché si era rotto una gamba e le spese mediche ammontarono a cinquecento dollari.

Aveva avuto paura di "avanzare" in una nuova "prospera direzione" e sentiva di non meritarselo, così si è punito.

Ciò su cui ci concentriamo aumenta, perciò non fissarti sulle bollette da pagare, altrimenti non farai altro che creare più debiti e scarsità.

C'è una fonte inesauribile nell'Universo. Inizia a esserne consapevole. Prenditi il tempo di contare le stelle in una notte serena, o i granelli in una manciata di sabbia, le foglie su un ramo, le gocce di pioggia sul vetro della finestra, i semi in un pomodoro. Ciascun seme è capace di produrre un'intera pianta che darà un numero infinito di frutti. Sii grato per ciò che hai, e vedrai che aumenterà. Mi piace inviare amore a tutto ciò che fa parte della mia vita adesso (la mia casa, il suo impianto di riscaldamento, l'acqua, la luce, il telefono, i mobili, le tubature, gli elettrodomestici, i vestiti, i mezzi di trasporto, le faccende da svolgere) ai soldi che possiedo, agli amici, alla mia capacità di vedere, sentire, assaporare, toccare, camminare e godere di questo meraviglioso Pianeta.

La nostra convinzione nella mancanza e nella scarsità è la sola cosa che ci limita. Qual è la credenza che ti sta limitando?

Vuoi avere del denaro solo per aiutare gli altri? Allora significa che pensi di non meritarlo personalmente.

Assicurati di non respingere la prosperità. Se un amico ti invita a pranzo o a cena, accetta con gioia invece di pensare che stai approfittando della generosità altrui. Se ricevi un regalo, accettalo con gentilezza. Se è una cosa che non usi, dalla a qualcun altro. Mantieni attivo il flusso delle cose. Semplicemente, sorridi e dì "Grazie". Così facendo informi l'Universo che sei pronto per ricevere il bene che ti spetta.

Fai spazio al nuovo

Fai spazio al nuovo. Ripulisci il frigorifero, elimina tutti quei rimasugli di cibo avvolti nella stagnola. Riordina armadi e cassetti, elimina tutto ciò che non usi da più di sei mesi. Se sono cose che non usi da un anno, allora è proprio il caso di liberartene. Vendile, barattale, regalale o bruciale.

Avere armadi e cassetti in disordine significa avere la mente nel caos. Mentre riordini, dì a te stesso: "Sto ripulendo i cassetti della mia mente." L'Universo ama i gesti simbolici.

La prima volta che ho sentito il concetto "L'abbondanza dell'Universo è a disposizione di tutti", ho pensato che fosse un'idea ridicola.

"Guarda quanti poveri ci sono al mondo!", dicevo tra me e me. "La mia stessa miseria sembra senza speranza." Sentirmi dire: "La tua povertà è solo una credenza radicata nella coscienza" mi faceva andare su tutte le furie. Mi ci sono voluti molti anni per capire e accettare che ero l'unica responsabile della mia mancanza di prosperità. Ero convinta di non esserne degna e di non meritarla, che è difficile guadagnare soldi e di non avere le doti e le capacità giuste, tutti pensieri che mi intrappolavano in uno schema mentale orientato alla carenza.

I SOLDI SONO LA COSA PIÙ SEMPLICE DA CREARE! Come reagisci a questa affermazione? Ci credi? Ti fa arrabbiare? Ti lascia indifferente? Vorresti lanciare questo libro contro il muro? Se reagisci così, BENE! Significa che ho toccato una corda profonda dentro di te, quella che rappresenta la tua resistenza alla verità. Ed è su questo che bisogna lavorare. È giunto il momento di aprirti al flusso di denaro e di ricchezza che ti aspetta là fuori.

Ama le tue spese

È fondamentale smettere di preoccuparsi dei soldi e delle spese. Molte persone considerano le bollette come delle punizioni da evitare il più possibile, ma esse non sono altro che il riconoscimento della nostra solvibilità. Il creditore presume che tu sia sufficientemente ricco da poter pagare per il servizio che ti viene erogato. Benedico amorevolmente ogni bolletta che arriva a casa mia e la bacio, così come bacio ogni assegno che stacco. Se paghi nutrendo risentimento, sarà dura che i soldi trovino la strada per ritornare da te. Se invece paghi con amore e gioia, apri i canali dell'abbondanza. Tratta il tuo denaro come degli amici, non come pezzi di carta accartocciati e ficcati in tasca.

La tua sicurezza non dipende dal lavoro, dal conto in banca, dagli investimenti, dal compagno o dai genitori. Dipende dalla tua capacità di connetterti con il potere cosmico che crea tutte le cose.

Mi piace pensare che il potere che ho dentro, e che dà vita al mio corpo, sia lo stesso che provvede a tutto ciò di cui ho bisogno, in modo semplice e facile. L'Universo è prodigo e prospero, ed è nostro diritto avere tutto quello che ci serve, a meno che non scegliamo di vedere le cose diversamente.

Benedico il mio telefono con amore tutte le volte che lo uso, e affermo che mi porta solo prosperità e amore. Faccio lo stesso con la cassetta delle lettere e con la casella di posta elettronica, e ogni giorno le ritrovo stracolme di denaro e messaggi d'amore di tutti i tipi, provenienti da amici, clienti e lettori dei miei libri. Accolgo con amore le bollette, ringraziando le compagnie erogatrici dei servizi per essersi fidate di me. Benedico il campanello della porta d'ingresso, sapendo che in casa mia entrano solo cose positive. Mi aspetto che la mia vita sia bella e felice, ed è così.

Queste idee vanno bene per tutti

Conobbi un giocatore di rugby che voleva incrementare i suoi affari e venne da me per una sessione sulla ricchezza. Sentiva di essere bravo nella sua professione e voleva guadagnare centomila dollari l'anno. Gli suggerii le stesse idee che sto dando a te e presto ebbe soldi a sufficienza per investirli nel commercio delle porcellane cinesi. Trascorreva molto tempo a casa a godersi la bellezza dei suoi investimenti sempre crescenti.

Sii felice della fortuna degli altri

Non ostacolare la tua prosperità provando risentimento o invidia nei confronti di chi ne ha più di te. Non criticare il modo in cui gli altri scelgono di spendere i loro soldi, non è affar tuo.

Ognuno risponde alla propria coscienza. Bada esclusivamente ai tuoi pensieri. Gioisci della fortuna degli altri, certo del fatto che ci sia abbondanza per tutti.

Sei avaro nel dare le mance? Metti a disagio gli inservienti dei bagni pubblici con qualche affermazione imbarazzante? Ignori i portieri dell'edificio dove lavori o del palazzo dove vivi quando è Natale? Risparmi sui centesimi anche se non ne avresti bisogno, comprando verdure o pane del giorno precedente? Fai la spesa in un negozio scadente oppure ordini sempre il piatto più economico del menù?

C'è una legge che regola la domanda e l'offerta. La domanda viene per prima. I soldi arrivano dove ce n'è bisogno. Anche le famiglie più povere riescono quasi sempre a mettere insieme i soldi per un funerale.

Visualizzazione: un oceano di abbondanza

La coscienza della ricchezza non dipende dai soldi, al contrario: è il flusso di denaro che dipende dalla tua coscienza della ricchezza.

Se riesci a concepire una prosperità maggiore, essa entra nella tua vita.

Adoro la visualizzazione in cui sto sul bagnasciuga a guardare il vasto oceano, sapendo che rappresenta l'abbondanza a mia disposizione. Guardati le mani e vedi che tipo di contenitore stanno reggendo. È un cucchiaino da caffè, un ditale bucato, un bicchiere di carta, una tazza, un calice, una brocca, un secchio, una tinozza o magari una tubatura che ti connette a questo oceano di abbondanza? Guardandoti attorno, ti accorgi che a prescindere da quanti siate, e dal contenitore che avete in mano, c'è abbondanza per tutti. Non c'è modo di prosciugare l'oceano. Il contenitore rappresenta la tua coscienza e puoi sempre cambiarlo con uno più capiente. Ripeti spesso questa visualizzazione per imprimerti l'idea che prosperità e ricchezza siano illimitate e in espansione.

Allarga le braccia

Almeno una volta al giorno mi siedo con le braccia spalancate e dico: "Sono aperta e ricettiva a tutto il bene e all'abbondanza dell'Universo." Il farlo mi procura un senso di espansione.

L'Universo può darmi solo ciò che è già presente nella mia coscienza, e qui posso SEMPRE creare cose nuove. È come una banca cosmica. Faccio dei depositi mentali aumentando la consapevolezza della mia capacità creativa. La meditazione, le tecniche di guarigione e le affermazioni sono tutti depositi mentali. Prendi l'abitudine di effettuare depositi quotidiani.

Avere più soldi non basta. Dobbiamo goderceli. Ti permetti di trarre piacere dal denaro? In caso negativo, perché? Una parte di ciò che guadagni può essere destinata al puro piacere. La settimana passata ti sei procurato un po' di divertimento con i soldi che hai guadagnato? Perché no? Quali vecchie convinzioni ti impediscono di farlo? Lasciale andare.

Il denaro non deve essere per forza un argomento serio nella tua vita. Guarda la cosa in prospettiva: esso è solo un mezzo di scambio. Nient'altro. Che cosa faresti e che cosa possederesti se non avessi bisogno di soldi?

Dobbiamo dare una scossa alla nostra concezione dei soldi. È stato più facile per me tenere un seminario sulla sessualità che sul denaro. Le persone si arrabbiano tantissimo quando vengono messe in discussione le loro convinzioni sui soldi. Persino quelle che frequentano un seminario desiderando disperatamente di averne di più, vanno su tutte le furie quando cerco di cambiare le loro convinzioni limitanti.

"Sono disposto a cambiare." "Sono disposto a lasciare andare le vecchie convinzioni negative." A volte dobbiamo lavorare molto con queste due affermazioni per aprire lo spazio necessario a creare la prosperità.

Dobbiamo eliminare la mentalità da "entrata fissa". Perciò non porre limiti all'Universo ostinandoti ad avere solo un certo stipendio o una certa entrata. Quello stipendio o quella entrata sono solo un CANALE, NON LA FONTE. I tuoi rifornimenti provengono da una sorgente infinita, l'Universo medesimo.

Esistono innumerevoli canali. Dobbiamo semplicemente aprirci a essi. Dobbiamo accettare a livello conscio che l'approvvigionamento possa giungere da chiunque e da qualsiasi parte. Magari camminando per strada troviamo un centesimo o un euro e diciamo "Grazie!" a quella sorgente. Potrà anche essere una somma irrisoria, ma significa che si stanno aprendo nuovi canali.

"Sono aperto e ricettivo a nuove vie di guadagno."

"Adesso ricevo la mia ricchezza da sorgenti sia prevedibili che inaspettate."

"Sono un essere illimitato che riceve da una sorgente illimitata e in modo illimitato."

Godi di questi piccoli, nuovi inizi

Quando lavoriamo per aumentare la nostra prosperità, guadagniamo sempre in accordo con le nostre convinzioni su ciò che meritiamo. Una mia cliente scrittrice stava lavorando per accrescere le sue entrate. Una delle sue affermazioni era: "Guadagno bene facendo la scrittrice." Tre giorni dopo andò in un bar dove faceva spesso colazione. Si accomodò a un tavolino e tirò fuori i fogli su cui stava lavorando. Il gestore del locale si avvicinò e le chiese: "Lei è una scrittrice vero? Scriverebbe una cosa per me?".

Poi le portò parecchi cartellini in bianco e le chiese di scriverci sopra "PRANZO SPECIALE A BASE DI TACCHINO, 3.95 $". In cambiò le offrì la colazione. Questo piccolo evento le dimostrò il cambiamento in atto nella sua coscienza e continuò a vendere i suoi servizi.

Riconosci la prosperità

Inizia a riconoscere la prosperità ovunque, e goditela. Il reverendo Ike, noto evangelista di New York, ricordava che, quando era un predicatore povero, camminava lungo le vie costellate di ristoranti, case e macchine alla moda e diceva ad alta voce: "Queste cose fanno tutte per me." Permetti che case fantastiche e banche e negozi raffinati di ogni sorta ti diano piacere. Riconosci che ciò fa parte della TUA abbondanza, e che stai espandendo la tua coscienza per godere di queste cose, se è quello che vuoi. Se vedi persone ben vestite, pensa: "Non è meraviglioso che abbiano così tanta ricchezza? Ce n'è in abbondanza anche per noi."

Non vogliamo ciò che possiedono gli altri. Noi vogliamo il *nostro* bene.

Ma in effetti non possediamo nulla. Usiamo ciò che riteniamo nostro per un certo periodo di tempo, finché non passa a qualcun altro. A volte un bene può restare in una famiglia per generazioni, ma alla fine verrà ceduto ad altri. Le cose vanno e vengono. Credo che quando una cosa se ne va, è solo per fare spazio a un'altra nuova e migliore.

Accetta i complimenti

Sono tante le persone che vorrebbero essere ricche, eppure non sanno nemmeno accettare un complimento. Conosco attori e attrici in erba che vogliono diventare delle star e poi si imbarazzano davanti alle lodi.

I complimenti sono un dono di prosperità. Impara ad accettarli con eleganza. Mia madre mi ha insegnato molto presto a sorridere e a dire "Grazie" tutte le volte che ricevevo un apprezzamento o un regalo. Il suo consiglio si è trasformato in un patrimonio.

È ancora meglio accettare il complimento e ricambiarlo, così è come se ricevesse un dono anche chi lo ha fatto per primo. È un modo per mantenere in movimento il flusso del bene.

Gioisci dell'abbondanza di svegliarti al mattino e vivere un nuovo giorno. Sii felice di essere vivo, in salute, di avere degli amici, di essere creativo, di essere l'esempio della gioia di vivere. Vivi al massimo della tua consapevolezza. Godi del tuo processo di trasformazione.

Nello spazio infinito della mia vita,
tutto è perfetto, integro e completo.
Vivo in armonia ed equilibrio con tutte le persone che conosco.
Sono tutt'uno con il Potere che mi ha creato.
Sono totalmente aperto e ricettivo
al fluire abbondante della ricchezza
che l'Universo ci offre.
Tutti i miei bisogni e desideri vengono realizzati
prima ancora che lo chieda.
Vengo guidato e protetto dal Divino
e le scelte che faccio vanno tutte a mio vantaggio.
Sono felice per il successo degli altri,
perché so che c'è abbondanza per ognuno.
Espando costantemente la mia consapevolezza dell'abbondanza,
e ciò si riflette nel costante aumento delle mie entrate.
Il mio bene deriva da tutti e da ogni luogo.
Va tutto bene nel mio mondo.

Capitolo Quattordici

Il corpo

Ascolto con amore i messaggi del mio corpo.

Sono convinta che siamo noi a creare ogni cosiddetta malattia nel nostro corpo, che esattamente come qualsiasi altra cosa nella vita è uno specchio dei nostri pensieri e delle nostre credenze. Il corpo ci parla in continuazione, se solo ci prendiamo la briga di ascoltarlo. Ogni cellula risponde a ogni singolo pensiero che fai e parola che dici.

Modi di pensare e di parlare reiterati producono comportamenti e posture, "agi" e disagi. La persona che ha il viso perennemente aggrottato non fa di certo pensieri felici e amorevoli. I volti e i corpi delle persone anziane rivelano chiaramente gli schemi mentali di una vita intera. E tu? Che aspetto avrai da vecchio?

In questa parte del libro ho inserito il mio Elenco di Probabili cause che creano malattie fisiche, e anche la lista dei Nuovi schemi di pensiero o Nuove Affermazioni da usare per riacquistare la salute. Oltre a questi brevi elenchi, analizzerò alcune condizioni mentali comuni per darti un'idea di come creiamo i nostri problemi.

Questi schemi mentali non valgono per tutti. Tuttavia, servono come punto di riferimento per iniziare la nostra ricerca delle cause della malattia. Molti professionisti nel campo delle terapie di guarigione alternative usano *Guarisci il tuo corpo* con i loro clienti e hanno riscontrato che il 90/95 per cento dei casi trattati ha un'origine psichica.

La TESTA rappresenta noi stessi. È ciò che mostriamo al mondo. È così che solitamente veniamo riconosciuti. Quando c'è qualcosa che non va in quest'area, spesso significa che sentiamo che in noi c'è qualcosa di completamente sbagliato.

I CAPELLI rappresentano la forza. Quando proviamo tensione e paura, spesso contraiamo i muscoli delle spalle, irrigidendo anche la zona della testa e degli occhi. I capelli vengono generati dal follicolo. Se il cuoio capelluto è sottoposto a una forte tensione, il capello viene stretto così forte che non riesce più a respirare, muore e cade. Se questa tensione è costante, e il cuoio capelluto non si rilassa, il follicolo rimane talmente serrato che il nuovo capello non riesce a svilupparsi. Il risultato è la calvizie.

La calvizie femminile è andata aumentando sempre più da quando le donne sono entrate nel "mondo del lavoro", con tutto lo stress e le frustrazioni che comporta. Non ci rendiamo conto di questo problema perché esistono parrucche da donna che sembrano vere, al contrario di quelle usate dagli uomini che sono riconoscibili anche a distanza.

Essere tesi non significa essere forti, anzi, si tratta di una forma di debolezza. Essere rilassati, equilibrati e sereni significa essere forti e saldi. Ci farebbe bene rilassare di più il nostro corpo e per molti sarebbe un vero toccasana rilassare anche il cuoio capelluto.

Prova adesso. Dì al cuoio capelluto di rilassarsi e senti se c'è qualche differenza.

Se noti che si rilassa visibilmente, allora ti consiglio di ripetere spesso l'esercizio.

Le ORECCHIE rappresentano la capacità di ascoltare. Quando hanno un problema, di solito vuol dire che sta succedendo qualcosa che non vuoi sentire. Avere mal d'orecchie potrebbe indicare che ciò che senti suscita rabbia dentro di te. È una condizione molto comune tra i bambini. Infatti, spesso sono costretti ad ascoltare cose che in verità non vorrebbero proprio sentire. Le regole della famiglia spesso impediscono ai bambini di esprimere la rabbia, e la loro incapacità di cambiare la situazione genera il mal d'orecchie.

La sordità rappresenta il rifiuto prolungato di ascoltare. Solitamente quando uno dei partner ha problemi d'udito, spesso l'altro parla a ripetizione.

Gli OCCHI rappresentano la capacità di vedere. Quando ci sono problemi di vista, spesso c'è qualcosa che non vogliamo vedere, riguardo noi stessi o la vita: passato, presente o futuro.

Tutte le volte che vedo dei bambini portare gli occhiali, so che in famiglia vivono situazioni che non vorrebbero vedere. Se non hanno la possibilità di cambiare le cose, sfuocano le immagini in modo da non vederle chiaramente.

Molte persone hanno avuto esperienze di guarigione sensazionali una volta che sono state disposte a tornare nel passato per risanare ciò che non hanno voluto vedere quando avevano un anno o due, prima che portassero gli occhiali.

Neghi ciò che sta succedendo in questo momento? Cos'è che non vuoi affrontare? Hai paura di vedere il presente o il futuro? Se potessi vedere bene, su cosa ti concentreresti, che invece ora non riesci a mettere a fuoco? Capisci quello che ti stai infliggendo? Sono tutte domande utili da porsi.

Il MAL DI TESTA insorge quando si nega il proprio valore. La prossima volta che ti viene, fermati un attimo e chiediti dove e come ti sei giudicato male. Perdonati, lascia andare e vedrai che il mal di testa si dissolverà nel nulla da cui proviene.

Le persone che soffrono di emicrania vogliono essere perfette e si sottopongono a una forte pressione. Anche la rabbia repressa gioca un ruolo importante. È interessante notare che gli attacchi di emicrania possono essere alleviati dalla masturbazione, se praticata appena si percepisce l'insorgere del dolore. Lo sfogo sessuale dissolve la tensione e il dolore. Probabilmente in quei momenti non hai molta voglia di masturbarti, ma vale la pena di provare. Di certo non peggiorerai la situazione.

La SINUSITE, proprio al centro del viso e nella zona del naso, indica che una persona cara ci irrita. Potresti addirittura sentirla fare pressioni su di te.

Troppo spesso dimentichiamo che siamo noi a creare le situazioni, così cediamo il nostro potere incolpando l'altro della nostra frustrazione. Niente e nessuno ha potere su di noi, perché siamo "noi" gli unici a creare i pensieri nella nostra testa. Siamo gli artefici delle nostre esperienze, della realtà e di chi ne fa parte. Quando creiamo pace, armonia ed equilibrio nella mente, li ritroviamo anche nella vita.

Il COLLO e la GOLA sono affascinanti perché qui accadono molte "cose". Il collo rappresenta la capacità di essere mentalmente flessibili, di vedere anche il rovescio della medaglia e di guardare le cose dal punto di vista di un'altra persona. Quando si hanno problemi al collo, di solito significa che ci stiamo ostinando a considerare solo il nostro punto di vista.

Tutte le volte che vedo qualcuno indossare uno di quei collarini, so che quella persona si è dimostrata caparbia e ipocrita nel non voler vedere l'altro lato della medaglia.

Virginia Satir, brillante psicoterapeuta familiare, raccontava di una sua "sciocca ricerca" grazie alla quale scoprì più di duecentocinquanta modi diversi di lavare i piatti, in base a chi lo fa e ai prodotti usati. Se ci fissiamo nel credere che esiste solo "un modo", o solo "un punto di vista", allora significa che ci stiamo perdendo il grosso della vita.

La GOLA simboleggia la capacità di "dire la nostra", di chiedere ciò che vogliamo, di affermare la nostra identità ecc. Quando abbiamo problemi alla gola, spesso vuol dire che sentiamo di non avere il diritto di fare queste cose. Ci sentiamo inadeguati nel difenderci.

Le irritazioni alla gola sono sempre sintomo di rabbia. Se sono accompagnate dal raffreddore, allora significa che c'è anche confusione mentale. Le LARINGITI di solito suggeriscono che siamo così arrabbiati da non riuscire nemmeno a parlare.

La gola rappresenta anche il flusso creativo nel corpo. La nostra creatività si esprime attraverso la gola, e quando resta bloccata o frustrata, spesso sviluppiamo problemi a quest'organo. Tutti noi conosciamo persone che vivono per gli altri. Non fanno mai ciò che vogliono. Cercano sempre di compiacere la madre, il padre, il marito o la moglie, l'amante, il capo. Problemi alle TONSILLE e alla TIROIDE sono il sintomo della creatività frustrata e derivano dall'incapacità di fare quel che vuoi.

Il centro energetico presente nella gola, il quinto chakra, è il luogo del corpo deputato ai cambiamenti. Se ci opponiamo al cambiamento, o se ci troviamo nel bel mezzo di un periodo di trasformazione, spesso la gola è molto attiva. Fai caso alle volte in cui tossisci o quando lo fa qualcun altro. Che cosa è appena stato detto? Si tratta di resistenza e testardaggine, o è il processo di cambiamento in atto? In alcuni seminari, uso la tosse come strumento per la scoperta di sé. Tutte le volte che qualcuno tossisce, gli faccio toccare la gola e ripetere ad alta voce: "Sono disposto a cambiare" oppure "Sto cambiando."

Le BRACCIA rappresentano la nostra abilità e capacità di accogliere le esperienze di vita. La parte superiore delle braccia ha a che fare con la tua capacità, gli avambracci invece con le tue abilità. Immagazziniamo le vecchie emozioni nelle articolazioni e i gomiti rappresentano la nostra flessibilità nel cambiare direzione. Sei flessibile nel cambiare direzione alla tua vita, oppure le vecchie emozioni ti tengono bloccato?

Le MANI afferrano, tengono, stringono. Ci lasciamo scivolare le cose tra le dita. A volte le tratteniamo troppo a lungo. Siamo alla mano, abbiamo le mani bucate, tendiamo le mani, stringiamo i pugni, diamo una mano, camminiamo mano nella mano.

Le mani possono essere morbide o dure, nodose per via dei troppi pensieri, o deformate dalle "critiche artritiche". Le mani che artigliano, o stringono, sono mosse dalla paura della perdita e di non avere abbastanza. Ma aggrapparsi fortemente a una relazione mette in fuga il partner. Se si tengono le mani troppo serrate non si riesce a prendere nulla di nuovo. Scuotere le mani liberamente dà una sensazione di abbandono e di apertura.

Ciò che ti appartiene non può esserti tolto, quindi rilassati.

Ogni DITO ha un significato. Problemi alle dita indicano dove hai bisogno di rilassarti e lasciarti andare. Se ti tagli l'indice, probabilmente provi rabbia e paura legate all'ego nella situazione attuale. Il pollice rappresenta la mente e le preoccupazioni. Il medio il sesso e la rabbia. Quando sei arrabbiato, stringi il medio e osserva la rabbia dissolversi: quello destro se provi rabbia verso un uomo, quello sinistro se invece è nei confronti di una donna. L'anulare rappresenta sia l'unione che il dolore. Il mignolo ha a che fare con la famiglia e la finzione.

La SCHIENA rappresenta il nostro sistema di sostegno. Problemi alla schiena indicano che non ci sentiamo supportati. Troppo spesso pensiamo di non essere appoggiati dal nostro lavoro, dalla famiglia o dal marito/moglie. In realtà, siamo supportati al cento per cento dall'Universo, dalla vita stessa.

La parte alta della schiena è legata alla mancanza di sostegno emotivo. Mio marito/mia moglie/il mio partner/i miei amici/il mio capo non mi capiscono o non mi appoggiano.

La parte centrale della schiena ha a che vedere con il senso di colpa e rappresenta tutto ciò che sta alle nostre spalle. Hai paura di affrontare il passato, oppure lo stai nascondendo? Ti senti pugnalato alla schiena?

Ti senti esaurito? La tua situazione economica è disastrosa oppure te ne preoccupi troppo? Allora potresti avere problemi nella parte lombare, causati dalla mancanza di soldi o dalla paura nei loro confronti, a prescindere da quanti ne abbia.

Molti ritengono che il denaro sia indispensabile nella vita, e che non possiamo vivere senza. Ma non è così. C'è una cosa di gran lunga più importante e preziosa per noi, senza la quale non potremmo vivere. Che cos'è? Il nostro respiro.

Il respiro è l'elemento più prezioso della nostra esistenza, eppure, quando espiriamo, diamo completamente per scontato di poter inalare ancora. Se non facessimo un altro respiro, non dureremmo nemmeno tre minuti. Ora, se il Potere che ci ha creati ci ha dato un respiro sufficiente a coprire l'intera durata della nostra vita, non possiamo confidare nel fatto che ci verrà fornito anche tutto il resto?

I POLMONI rappresentano la nostra capacità di prendere e di dare nella vita. Problemi legati a essi di solito implicano che abbiamo paura di attingere dalla vita, o magari sentiamo di non avere il diritto di vivere appieno.

In passato, le donne avevano una respirazione superficiale e spesso si consideravano cittadine di serie B, che non avevano il diritto di occupare il proprio spazio e a volte nemmeno quello di vivere. Oggi tutto questo è cambiato. Le donne occupano il posto che spetta loro come membri della società e respirano appieno e in profondità.

Mi piace vedere le donne negli sport. Hanno sempre lavorato nei campi, ma per quel che ne so io il loro ingresso nelle attività sportive risale solo alla fine del secolo scorso. È meraviglioso osservare i loro magnifici corpi scolpiti dall'esercizio fisico.

L'enfisema polmonare e fumare molto sono modi di negare la vita. Mascherano una forte sensazione di inadeguatezza. Rimproverarsi non serve a interrompere l'abitudine di fumare. È la convinzione di fondo che va cambiata.

Il SENO simboleggia il principio materno. Quando ci sono problemi legati al seno, di solito significa che siamo troppo materne e protettive nei confronti di una persona, di un luogo, di una cosa o di un'esperienza.

Parte del processo della maternità consiste proprio nel permettere al bambino di "crescere". Dobbiamo sapere quando è il momento di togliere le mani, allentare le briglie e lasciare che sia. Essere iperprotettivi non prepara l'altro a gestire le proprie esperienze. A volte questo atteggiamento impedisce all'altra persona di lasciarsi arricchire da una situazione.

Se si sviluppa il cancro, allora c'è anche un forte risentimento. Liberati della paura e sappi che l'Intelligenza dell'Universo risiede in ognuno di noi.

Il CUORE, ovviamente, rappresenta l'amore, mentre il sangue rappresenta la gioia. Il cuore pompa amorevolmente gioia in tutto il corpo. Quando ci neghiamo la gioia e l'amore, il cuore si contrae e si raffredda. Di conseguenza, il sangue fluisce con meno energia e andiamo incontro all'ANEMIA, all'ANGINA e agli ATTACCHI CARDIACI.

Il cuore non ci "attacca". Ci lasciamo talmente assorbire dalle storie e dai drammi che costruiamo da dimenticarci delle piccole gioie che ci circondano. Facciamo di tutto per privare il nostro cuore della felicità finché esso non cade letteralmente in pezzi. Chi ha subito un attacco di cuore non è mai una persona gioiosa. Se questi soggetti non si prendono il tempo di apprezzare le gioie della vita, avranno senz'altro un'altra crisi.

Cuore d'oro, cuor di leone, cuore di ghiaccio, cuore aperto, cuore di pietra, cuore caldo… com'è il tuo?

Lo STOMACO digerisce tutte le nuove idee e le esperienze che vivi. Chi o che cosa non riesci a digerire? Che cosa ti è rimasto sullo stomaco?

Quando ci sono problemi allo stomaco, di solito significa che non sappiamo come assimilare una nuova esperienza. Abbiamo paura.

Molti ricorderanno quando gli aerei civili sono diventati popolari. Il fatto di poter entrare in un tubo metallico che ci avrebbe trasportati attraverso il cielo in sicurezza era un'idea del tutto nuova e difficile da accettare.

Ogni sedile era munito di sacchetto per il vomito e molti di noi lo usavano. Rigettavamo nel modo più discreto possibile, chiudevamo il sacchetto e lo consegnavamo al personale di bordo che passava la maggior parte del tempo a raccoglierli su e giù per il corridoio.

Da allora sono passati tanti anni e sebbene i sacchetti siano sempre al loro posto, raramente vengono usati. Ormai abbiamo accettato l'idea di volare.

Le ULCERE rappresentano la paura tremenda di non essere abbastanza bravi. Temiamo di non essere abbastanza in gamba per un genitore, o per il capo. Non "digeriamo" chi siamo, e ci tormentiamo nel tentativo di compiacere gli altri. A prescindere da quanto sia importante il nostro lavoro, la nostra autostima è molto scarsa. Abbiamo paura che scoprano chi siamo veramente.

I GENITALI rappresentano la parte più femminile di una donna, la sua femminilità, o la parte più maschile di un uomo, la sua virilità. Essi sono il nostro principio femminile o maschile.

Quando non ci sentiamo a nostro agio con la nostra essenza, quando rifiutiamo la nostra sessualità e percepiamo i nostri corpi come qualcosa di sporco e peccaminoso, spesso sviluppiamo problemi all'area genitale.

È raro che incontri persone cresciute in famiglie dove i genitali e le rispettive funzioni venivano chiamati con il proprio nome. Tutti noi siamo stati abituati a una sorta di eufemismi. Ricordi quelli usati dalla tua famiglia? Potrebbero essere stati qualcosa di blando come "laggiù", oppure epiteti che facevano percepire i genitali come una cosa sporca e disgustosa. Ebbene sì, siamo cresciuti con l'idea di avere qualcosa di sbagliato tra le gambe.

Perciò ritengo che la rivoluzione sessuale esplosa nel secolo scorso in un certo senso sia stata positiva. Abbiamo preso le distanze dall'ipocrisia vittoriana. Improvvisamente non c'era più niente di male nell'avere molti partner, e sia gli uomini che le donne potevano avere avventure di una notte. Lo scambio di coppia divenne più esplicito. Molti di noi hanno iniziato a godere del piacere e della libertà del proprio corpo in un modo nuovo e aperto.

Tuttavia, qualcuno ha dovuto fare i conti con quello che Roza Lamont, fondatrice del Self-Communication Institute chiama "il Dio della mamma". Qualsiasi cosa tua madre ti abbia insegnato su Dio quando avevi tre anni è ancora lì nella tua mente subconscia, a meno che tu non abbia fatto un lavoro consapevole per liberartene. Era un Dio iroso e vendicativo? Che cosa pensava del sesso? Se continuiamo a portare addosso quel precoce senso di colpa riguardo alla nostra sessualità e al nostro corpo, allora sicuramente faremo di tutto per punirci.

Problemi alla VESCICA, al RETTO, VAGINITI, PROSTATITI e disfunzioni del PENE derivano tutti dalle convinzioni distorte sul nostro corpo e sul suo corretto funzionamento.

Ogni organo è una perfetta espressione della vita con le sue funzioni specifiche. Non pensiamo al fegato o agli occhi come a cose sporche o peccaminose. Allora perché scegliamo di credere che lo siano i nostri genitali?

L'ano è meraviglioso esattamente come l'orecchio. Senza di esso non avremmo la possibilità di espellere ciò di cui il corpo non ha più bisogno, e moriremmo rapidamente. Ogni parte del corpo, e ogni sua funzione, è perfetta e normale, naturale e bella.

Ai clienti che hanno problemi sessuali chiedo di iniziare a rapportarsi al proprio retto, pene o vagina con un senso di amore e di riconoscenza per la loro bellezza e per la funzione che espletano. Se leggendo questa parte ti senti a disagio o provi rabbia, domandati il perché. Chi ti ha spinto a negare una di queste parti del tuo corpo? Certamente non è stato Dio. Gli organi sessuali sono stati creati come la parte deputata al piacere fisico, per farci godere. Negarli significa procurarci dolore. Il sesso non solo è salutare, ma anche splendido e meraviglioso. Per noi fare sesso è normale come respirare o mangiare.

Per un momento, prova a visualizzare la vastità dell'Universo. Esso va al di là della nostra comprensione. Persino gli scienziati più all'avanguardia con le loro strumentazioni tecnologiche non riescono a misurarne la grandezza. All'interno dell'Universo ci sono moltissime galassie.

In una delle galassie minori, in un angolo remoto, c'è un piccolo sole. Attorno a esso ruotano alcuni puntini, uno dei quali si chiama Terra.

Trovo difficile credere che la vasta, incredibile Intelligenza che ha creato tutto l'Universo non sia altro che un vecchio seduto su una nuvola sospesa sulla Terra... intento a controllare cosa faccio con i miei genitali!

Eppure a molti di noi è stato insegnato questo concetto da piccoli.

È fondamentale rilasciare le idee sciocche e retrograde che non ci sostengono e non ci arricchiscono. Ritengo che persino la nostra idea di Dio debba essere a nostro favore, e non contro di noi. Esistono così tante religioni diverse tra cui scegliere. Se adesso ne professi una secondo la quale tu sei un peccatore, cambiala!

Non ti sto incitando al sesso libero e irresponsabile. Voglio solo dire che alcune regole non hanno senso, ed è per questo che molte persone le infrangono diventando ipocrite.

Rimuovendo il senso di colpa sessuale e insegnando alle persone ad amarsi e rispettarsi, esse tratteranno automaticamente se stesse e gli altri in modo da ottenere il massimo bene e la gioia più grande. La ragione per cui oggi abbiamo così tanti problemi con la nostra sessualità è che ci odiamo e ci detestiamo troppo, così finiamo col maltrattare sia noi che gli altri.

Non è sufficiente fare educazione sessuale fin dalle scuole elementari. A un livello molto più profondo, dobbiamo permettere ai nostri figli di ricordare che il corpo, i genitali e la sessualità sono degli strumenti per la loro felicità. Credo fermamente che chi si ama e ama il proprio corpo non potrà mai maltrattare se stesso né gli altri.

Ho riscontrato che la maggior parte dei problemi alla VESCICA deriva dall'essere arrabbiati con il partner. A farci arrabbiare è qualcosa legato alla nostra femminilità o virilità. Le donne sviluppano maggiormente questi problemi rispetto agli uomini perché sono più inclini a nascondere le loro ferite. Anche le VAGINITI di solito si sviluppano quando la donna si sente sentimentalmente ferita dal compagno. I problemi maschili alla PROSTATA, invece, hanno a che fare con l'autostima e con l'idea che l'invecchiamento incida negativamente sulla virilità. L'IMPOTENZA deriva dalla paura e talvolta può essere collegata al rancore nei confronti della compagna precedente. La FRIGIDITÀ deriva dalla paura o dalla convinzione che sia sbagliato godere del corpo. È radicata anche nel disprezzo di sé e può essere esacerbata da un partner insensibile e poco attento.

La SINDROME PREMESTRUALE, che ha raggiunto proporzioni endemiche, è direttamente proporzionale all'aumento della pubblicità sui media. Siamo costantemente bombardati dall'idea che il corpo femminile, per essere accettabile, debba profumare in un certo modo ed essere lavato e spalmato con ogni tipo di prodotto presente sul mercato. Contemporaneamente, le donne affermano la propria uguaglianza sociale, ma vengono anche martellate dall'idea che non sia una cosa accettabile. Questo concetto, unito alle enormi quantità di zucchero bianco che consumiamo oggi, crea terreno fertile per lo sviluppo della sindrome premestruale.

I processi femminili, tutti quanti, comprese le mestruazioni e la menopausa, sono fasi normali e naturali. Dobbiamo accettarle per quello che sono. I nostri corpi sono belli, perfetti e portentosi.

Sono convinta che le MALATTIE VENEREE dipendano dal senso di colpa sessuale. Derivano dalla sensazione, spesso inconscia, che sia sbagliato esprimersi sessualmente. Chi ha una malattia venerea può avere rapporti con partner diversi, ma solo quelli con un sistema immunitario debole, sia dal punto di vista mentale che fisico, sono soggetti a contrarla a loro volta. Negli ultimi anni si è riscontrato un aumento dei casi di HERPES tra la popolazione eterosessuale. È un disturbo che nasce dal continuo punirsi a causa della convinzione che "siamo cattivi". L'herpes tende a svilupparsi quando siamo emotivamente turbati. Questo ci dice molto.

Per giunta, nella comunità gay, oltre a essere presenti gli stessi problemi di cui soffrono gli eterosessuali, si aggiunge il giudizio di gran parte della società che punta loro il dito contro urlando: "Cattivi!". Di solito sono i loro stessi genitori a dirlo: "Sei cattivo." È un fardello pesante da portare, ed è difficile amarsi in queste circostanze. Non c'è da sorprendersi se i gay siano stati i primi a sperimentare l'AIDS, malattia tanto temuta.

Nella società eterosessuale, molte donne sono terrorizzate all'idea di invecchiare a causa del sistema di credenze che abbiamo creato sulla gloria della giovinezza. Per gli uomini non è così dura, perché con una spruzzata di bianco alle tempie diventano più affascinanti. L'uomo anziano poi acquisisce rispetto e gli altri lo guardano con considerazione.

Questo però non è vero per la maggior parte degli omosessuali, perché hanno elaborato una cultura che enfatizza esageratamente la giovinezza e la bellezza. Pur essendo giovani, solo pochi corrispondono ai canoni della bellezza. È stata data così tanta importanza alla bellezza fisica che i sentimenti interiori sono stati completamente messi da parte. Se non sei giovane e bello, è come se non valessi nulla. L'individuo non conta, ciò che importa è solo il suo corpo.

Questo modo di pensare è un ostacolo per la cultura intera. È come dire: "Gli omosessuali non sono abbastanza bravi." È quasi preferibile morire piuttosto che invecchiare, ed ecco che si sviluppano malattie come l'AIDS.

Troppo spesso gli uomini gay pensano che quando saranno vecchi diventeranno inutili e smetteranno di essere desiderabili. Perciò si autodistruggono mantenendo uno stile di vita sregolato ed eccessivo. Alcune delle idee e degli atteggiamenti di fondo dello stile di vita degli omosessuali sono mostruosi: l'esibizionismo, il giudizio costante, il rifiuto di avvicinarsi emotivamente all'altro e così via.

Schemi di pensiero e di comportamento del genere non fanno altro che suscitare il senso di colpa a un livello molto profondo, a prescindere da quanto siamo promiscui. Passare da un partner all'altro, per quanto possa essere divertente, è anche piuttosto distruttivo per la relazione. È un altro modo di evitare la vicinanza e l'intimità.

Con questo non voglio far sentire in colpa nessuno. Ma dobbiamo prendere atto delle cose che vanno cambiate per vivere all'insegna dell'amore e del rispetto. Cinquant'anni fa, quasi tutti gli uomini gay erano costretti alla clandestinità, ma adesso sono riusciti a crearsi un loro spazio all'interno della società dove riescono ad aprirsi.

Storicamente gli uomini hanno sempre avuto più partner sessuali delle donne, perciò quando si relazionano tra loro si genera ancora più promiscuità. Non c'è nulla di male, purché la sessualità non venga usata per le ragioni sbagliate. Ci sono uomini a cui piace avere molti amanti per soddisfare il profondo bisogno di autostima, piuttosto che per il piacere in sé. Non credo ci sia niente di sbagliato nell'avere più partner, e nemmeno nell'utilizzo occasionale di alcol e droghe leggere, negli Stati in cui è permesso. Tuttavia, se andiamo fuori di testa ogni notte e se abbiamo bisogno di più partner al giorno solo per dimostrare che valiamo, allora stiamo agendo in base a motivazioni scorrette. Dobbiamo fare qualche cambiamento a livello mentale.

Questo è il momento per guarire, per realizzarsi integralmente, non per condannarsi. Dobbiamo superare i limiti del passato. Siamo esseri divini, espressioni perfette della vita. Rivendichiamo la nostra essenza!

Il COLON rappresenta la capacità di lasciare andare, di liberarci di ciò che non ci serve più. Il corpo, in sintonia con il ritmo e il flusso perfetto della vita, ha bisogno di equilibrio nel prendere, assimilare ed eliminare. Sono solo le nostre paure a impedirgli di sbarazzarsi del vecchio.

Anche se chi soffre di costipazione non è avaro, di solito non ha fiducia nel fatto che ci siano risorse sufficienti per tutti. Perciò si aggrappa a vecchie relazioni che gli procurano dolore, ha paura di disfarsi di indumenti che giacciono inutilizzati nell'armadio da anni perché un giorno potrebbe riutilizzarli, si tiene stretto un lavoro che detesta, oppure non si concede mai un piacere, in previsione dei tempi bui. Non rovistiamo nella spazzatura di ieri per preparare il pasto di oggi. Impara a confidare che il processo della vita ti darà sempre ciò di cui hai bisogno.

Le GAMBE ci fanno avanzare lungo il cammino della vita. Problemi alle gambe spesso sono il sintomo della paura di andare avanti o della riluttanza a seguire una certa direzione. Ce la diamo a gambe, trasciniamo le gambe, abbiamo le gambe storte, le gambe non ci reggono, abbiamo le cosce gonfie, grasse, piene di risentimento infantile. Non volere fare certe cose produce spesso problemi minori alle gambe. Avere le VENE VARICOSE significa che viviamo in una situazione o lavoriamo in un posto che non ci piace. Le vene perdono la loro capacità di infonderci gioia.

Stai seguendo la direzione che desideri?

Le GINOCCHIA, come il collo, hanno a che fare con la flessibilità, solo che esse esprimono la capacità di piegarci, l'orgoglio, l'ego e la testardaggine. Spesso nel nostro incedere, abbiamo paura di piegarci e ci irrigidiamo. Ciò indurisce le articolazioni. Vogliamo andare avanti, senza cambiare strada. Ecco perché le ginocchia ci mettono così tanto a guarire: viene coinvolto anche l'ego e di conseguenza l'amor proprio e l'arroganza.

La prossima volta che avrai un problema alle ginocchia, chiediti dov'è che ti stai comportando con prepotenza, davanti a chi o a cosa rifiuti di piegarti. Smetti di intestardirti e lascia andare. La vita è flusso, movimento, e per essere a nostro agio dobbiamo essere flessibili e in armonia con essa. Il salice si piega, ondeggia e si flette al vento ed è sempre pieno di grazia, in armonia con la vita.

I PIEDI hanno a che vedere con la comprensione di noi stessi e della vita passata, presente e futura.

Molte persone anziane fanno fatica a camminare. La loro capacità di capire è stata deformata e spesso sentono di non avere un posto dove andare. I bambini invece si muovono su piedi felici e danzanti. Gli anziani spesso trascinano i piedi, come se fossero riluttanti a spostarsi.

La PELLE rappresenta la nostra individualità. Avere problemi alla pelle spesso significa che avvertiamo una minaccia alla nostra individualità. Sentiamo che gli altri hanno potere su di noi. Siamo permeabili alle critiche e alle offese, le cose tendono a scendere in profondità, ferendoci. Ci sentiamo scoperti, senza pelle, con i nervi tesi.

Uno dei modi più rapidi per guarire i problemi dermatologici è sostenere la propria individualità dicendo mentalmente centinaia di volte al giorno: "Io approvo me stesso." Riconquista il tuo potere!

Gli INCIDENTI non capitano per caso. Come ogni altra cosa nella vita, siamo noi a crearli, anche senza dire esplicitamente:

"Voglio avere un incidente", ma assumendo schemi mentali che lo attraggono. Ci sono persone che sembrano essere "inclini agli incidenti", mentre altre non si fanno mai nemmeno un graffio.

Gli incidenti sono espressione della rabbia. Sono il sintomo di un accumulo di frustrazione che deriva dal non sentirsi liberi di decidere della propria vita, ed esprimono anche la ribellione contro l'autorità. Ci arrabbiamo al punto da voler colpire le persone, e invece siamo noi a subirne le conseguenze.

Quando ce l'abbiamo con noi stessi, quando ci sentiamo in colpa, quando avvertiamo il bisogno di essere puniti, fare un incidente è un modo meraviglioso per dare soddisfazione a tutte queste sensazioni.

È come se gli incidenti non dipendessero da noi, come se fossimo vittime innocenti di un destino capriccioso. Fare un incidente ci permette di ottenere l'attenzione e la compassione degli altri. Qualcuno si prende cura delle nostre ferite e ci assiste. Spesso rimaniamo a letto per un lungo periodo di tempo e soffriamo.

La parte del corpo che ci fa male è un indizio dell'ambito esistenziale in cui ci sentiamo in colpa. La gravità del danno fisico indica l'entità del nostro desiderio di essere puniti e quanto sarà lunga la condanna.

ANORESSIA e BULIMIA sono la negazione della propria vita, una forma estrema di odio verso se stessi.

Il cibo è il nostro nutrimento basilare. Perché vorresti negartelo? Perché vuoi morire? Cosa c'è di tanto brutto nella tua vita da volerla fare finita?

L'odio verso se stessi non è altro che l'odio dell'idea che abbiamo di noi. E i pensieri (le idee) possono essere cambiati.

Cosa c'è di così terribile in te? Sei cresciuto in una famiglia che ti biasimava sempre? Hai avuto insegnanti giudicanti? Al catechismo ti dicevano che così com'eri non andavi bene? Spesso cerchiamo di trovare le ragioni che diano un senso alla mancanza di amore e al perché non ci sentiamo accettati così come siamo.

A causa dell'ossessione della moda per la magrezza, molte donne sono indotte a pensare di non essere all'altezza di quel modello e sfogano sul corpo il loro odio per se stesse. In un certo senso è come se dicessero: "Se solo fossi magra, gli altri mi amerebbero." Ma non funziona così.

Le soluzioni provenienti dall'esterno non sono efficaci. L'accettazione e l'approvazione di sé sono la chiave.

L'ARTRITE è una patologia che si sviluppa a causa delle costanti critiche a cui sottoponiamo prima di tutto noi stessi e poi gli altri. Chi soffre di artrite spesso riceve molte critiche perché fa parte del suo schema mentale. Si tratta di individui ossessionati dal "perfezionismo", dal bisogno di essere sempre perfetti, in ogni situazione.

Conosci qualcuno su questo Pianeta che sia veramente "perfetto"? Io no. Perché stabiliamo modelli che ci richiedono di essere superuomini e superdonne per essere accettabili? Significa ribadire il concetto che "non siamo abbastanza bravi" ed è un peso enorme da portare.

L'ASMA è sintomo di un amore soffocante. Si prova la sensazione di non avere il diritto di respirare da soli. I bambini asmatici spesso sviluppano una grande ipersensibilità e provano sentimenti di colpa per tutto ciò che sembra andare storto nel loro ambiente. Si sentono "indegni", quindi colpevoli, e provano il desiderio di autopunirsi.

Cambiare aria aiuta, soprattutto lontano dalla famiglia.

Spesso, crescendo, i bambini asmatici superano la patologia. Vanno a studiare in un'altra città, si sposano, lasciano la casa dell'infanzia e la malattia scompare. Può capitare che nel corso della vita un'esperienza schiacci quel vecchio bottone dentro di loro e abbiano un altro attacco. Se succede, significa che non stanno reagendo alle circostanze attuali, ma piuttosto a ciò che accadeva nella loro infanzia.

FORUNCOLI e USTIONI, TAGLI, FEBBRI, PIAGHE e INFIAMMAZIONI di ogni tipo sono manifestazioni della rabbia che trova il modo di esprimersi attraverso il corpo, non importa quanto ci sforziamo di reprimerla. Dobbiamo dare sfogo alla pressione accumulata. Temiamo che la rabbia possa distruggere il nostro mondo, ma è possibile rilasciarla in modo semplice, basta dire: "Sono arrabbiato per questa cosa." Lo so che non possiamo dire una cosa del genere al capo, ma almeno possiamo prendere a pugni il cuscino o urlare chiusi in macchina o sfogarci con una bella partita a tennis. Sono metodi innocui per rilasciare fisicamente la rabbia.

Le persone spirituali spesso credono di non doversi arrabbiare mai. È vero che stiamo lavorando per riuscire a non incolpare gli altri dei nostri sentimenti, ma finché non raggiungiamo l'obiettivo, è più salutare riconoscere le emozioni del momento.

Il CANCRO è una malattia causata da un forte risentimento trattenuto per molto tempo che divora letteralmente una parte del corpo. Durante l'infanzia succede qualcosa che distrugge la nostra fiducia. Questa esperienza non viene mai dimenticata e l'individuo vive autocommiserandosi, facendo fatica a sviluppare e a mantenere relazioni profonde. A causa di questo sistema di convinzioni, la vita gli appare come una serie di delusioni. Un sentimento di impotenza, di disperazione e di perdita permea il suo modo di pensare e tende facilmente a incolpare gli altri dei suoi problemi. Chi ha il cancro è anche molto critico con se stesso. Per me, imparare ad amarsi e accettarsi è la chiave della guarigione.

L'OBESITÀ rappresenta il bisogno di protezione dalle offese, dalle critiche, dal maltrattamento, dall'erotismo e dalle proposte sessuali, dalla paura nei confronti della vita in generale o per ragioni specifiche, a seconda dei casi.

Personalmente non sono sovrappeso, ma ho imparato negli anni che quando mi sento insicura e a disagio, metto su qualche chilo che poi, quando la minaccia è passata, se ne va da solo.

Combattere il grasso è una perdita di tempo e di energia. Le diete non servono. Nel momento in cui le interrompi, i chili di troppo ritornano. Amare e approvare se stessi, confidare nella vita e sentirsi al sicuro grazie al potere della propria mente è la dieta migliore che conosca. L'unica cosa da fare è eliminare i pensieri negativi: vedrai che il tuo peso si normalizzerà da solo.

Sono troppi i genitori che rimpinzano i figli di cibo a prescindere dal problema che hanno. Questi bambini, da adulti, all'insorgere di ogni problema, se ne staranno davanti al frigorifero aperto dicendo: "Non so cosa voglio."

Il DOLORE, di qualsiasi tipo, per me indica il senso di colpa che è sempre in cerca di una punizione, e la punizione a sua volta crea sofferenza. Il dolore cronico deriva da un senso di colpa cronico, spesso sepolto talmente in profondità che non ce ne rendiamo nemmeno più conto.

Il senso di colpa è un'emozione assolutamente inutile. Non ci fa sentire meglio né ci aiuta a cambiare la situazione.

La tua "condanna" ormai è stata espiata, perciò esci di prigione. Perdonare significa semplicemente arrendersi e lasciare andare.

Gli ICTUS sono coaguli di sangue che congestionano il flusso sanguigno nel cervello ostacolando l'apporto di ossigeno. Il cervello è il computer del corpo. Il sangue rappresenta la gioia. Vene e arterie sono canali di gioia. Tutto funziona in accordo con la legge e l'azione dell'amore. C'è amore in ogni frammento di Intelligenza nell'Universo. È impossibile agire e funzionare bene senza provare amore e gioia.

I pensieri negativi intasano il cervello e non permettono all'amore e alla gioia di fluire liberamente.

Non riesci a ridere liberamente se non ti concedi di lasciarti andare, e lo stesso vale per l'amore e la gioia. La vita non è brutta a meno che non la rendiamo tale, a meno che non scegliamo di vederla in questi termini. Possiamo fare una tragedia di un piccolo turbamento, e trovare la gioia anche nella più grande tragedia. Sta a noi scegliere.

Può capitare di forzare la vita affinché segua una certa direzione, anche se non comporta il nostro massimo bene. A volte determiniamo l'insorgenza degli ictus per costringerci a cambiare completamente direzione, a rivalutare il nostro stile di vita.

La RIGIDITÀ nel corpo è lo specchio di quella mentale. La paura ci spinge ad aggrapparci a vecchi modi di fare ed è difficile mostrarci flessibili. Se siamo convinti che esista "un solo modo" di fare le cose, ci irrigidiamo sulle nostre posizioni. Possiamo sempre trovare una strada diversa. Ricordati di Virginia Satir e dei suoi duecentocinquanta modi diversi di lavare i piatti.

Osserva in quale punto del corpo hai sviluppato una certa rigidità, poi guarda il mio Elenco di Probabili cause e scopri in quale parte della mente sei rigido e bloccato.

La CHIRURGIA ha la sua utilità e va bene per le ossa rotte, per gli incidenti e per le condizioni più complesse e gravi. In questi casi, il lavoro di guarigione mentale va focalizzato affinché quella stessa condizione non si ripresenti.

Ogni giorno, sempre più persone meravigliose in ambito medico si dedicano con il cuore ad aiutare il prossimo.

Sempre più dottori si rivolgono a tecniche olistiche di guarigione, trattando la persona nel suo complesso. Tuttavia la maggioranza dei medici non lavora con la *causa* della malattia, ma si limita a trattare i sintomi, gli effetti. Lo fa in due modi: o avvelena o mutila. I chirurghi tagliano, e se chiedi loro un consulto, solitamente ti consigliano di farti operare. Se decidi di sottoporti a un intervento chirurgico, preparati affinché l'esperienza si svolga senza intoppi e tu guarisca il più rapidamente possibile.

Chiedi al medico e al suo staff di collaborare con te, perché spesso non si rendono conto che, sebbene il paziente sia privo di coscienza, riesce comunque a sentire quel che viene detto e lo registra a livello inconscio.

Una volta, una terapista New Age mi raccontò che si era dovuta sottoporre a un intervento d'urgenza e che prima dell'operazione aveva parlato con il chirurgo e l'anestesista chiedendo loro il favore di mettere della musica d'atmosfera in sala operatoria e di parlare a lei e tra loro sempre con affermazioni positive. Anche l'infermiera che l'assisteva si attenne a queste indicazioni, così l'operazione andò bene, e il recupero fu rapido e agevole.

Anche ai miei clienti suggerisco sempre di affermare: "Ogni mano che mi tocca in ospedale mi guarisce ed esprime amore" e "L'operazione va perfettamente e si conclude in fretta." O anche: "Sono sempre a mio agio."

Dopo l'operazione, ascolta il più possibile musica dolce e rilassante e afferma: "Guarisco velocemente e in modo perfetto." Dì a te stesso: "Ogni giorno mi sento sempre meglio."

Se puoi, registra delle affermazioni positive e ascoltale continuamente in ospedale, mentre riposi e ti rimetti in salute. Fai caso alle sensazioni che provi, non al dolore. Immagina che l'amore fluisca dal tuo cuore fin giù nelle braccia e nelle mani. Appoggiale sulla parte in via di guarigione e dille: "Ti amo e ti sto aiutando a stare bene."

Il GONFIORE nel corpo rappresenta la stagnazione e l'ingolfamento a livello emotivo. Siamo artefici di situazioni in cui ci facciamo del male e ci aggrappiamo ai ricordi. Spesso il gonfiore simboleggia le lacrime represse, il sentirsi bloccati e in trappola, o il biasimare gli altri per i nostri stessi limiti.

Lascia andare il passato, fallo scorrere via. Riprendi il potere che ti spetta. Smettila di rimuginare su quello che non vuoi. Usa la mente per creare ciò che desideri davvero. Abbandonati al flusso della vita.

I TUMORI sono escrescenze. L'ostrica prende un piccolo granello di sabbia e, per proteggerlo, gli fa crescere attorno una dura, splendente corazza che noi chiamiamo perla e riteniamo bellissima.

Allo stesso modo, noi prendiamo una vecchia ferita e la curiamo, continuando però a strappar via la crosta ogni volta che si forma, finché nel tempo sviluppiamo un tumore.

È un po' come proiettare un vecchio film. Ritengo che la ragione per cui le donne abbiano così tanti tumori nell'area dell'utero dipenda dai colpi emotivi inferti alla loro femminilità. La chiamo la sindrome del "lui mi ha trattato male".

Solo perché una relazione finisce non significa che c'è qualcosa di sbagliato in noi, né questo va a incidere sul nostro valore.

L'importante non è tanto *quello che accade,* ma come *reagiamo.* Siamo responsabili delle esperienze che ci capitano. Quali convinzioni su di te hai bisogno di cambiare per attrarre comportamenti più amorevoli?

Nello spazio infinito della mia vita,
tutto è perfetto, integro e completo.
Riconosco nel mio corpo un buon amico.
Ogni cellula del mio corpo è dotata di Intelligenza Divina.
Ascolto ciò che mi dice e so che i suoi consigli sono validi.
Sono sempre al sicuro, divinamente protetto e guidato.
Scelgo di essere sano e libero.
Va tutto bene nel mio mondo.

Una nota sull'Elenco

Negli ultimi anni, ho ricevuto molte richieste da parte dei lettori di inserire gli schemi mentali relativi alle nuove patologie, come la fibromialgia, ma in tutta onestà non vedo la ragione di farlo. Infatti, ho imparato che esistono solo due schemi mentali fondamentali per la malattia: quello della paura e quello della rabbia. La rabbia può manifestarsi sotto forma di impazienza, irritazione, frustrazione, giudizio, risentimento, gelosia o amarezza. Sono tutti pensieri che avvelenano il corpo. Quando ci sbarazziamo di questo peso, gli organi iniziano a funzionare correttamente. La paura, invece, si manifesta sotto forma di tensione, ansia, nervosismo, preoccupazione, dubbio, insicurezza, nel non sentirsi abbastanza bravi o meritevoli. Ti ritrovi in questi stati d'animo? Dobbiamo imparare a sostituire la fiducia alla paura se vogliamo guarire.

Fiducia in cosa? Nella vita. Io credo che viviamo in un Universo che ci dice sempre di sì. Se pensiamo alla povertà, l'Universo acconsente a essa. Se pensiamo alla ricchezza, l'Universo dice di sì a essa. Quindi dobbiamo pensare e credere di avere il diritto di essere sani e che la salute sia il nostro stato naturale. L'Universo sosterrà e acconsentirà a questa convinzione. Sii una persona assertiva e renditi conto che vivi in un mondo del "Sì", dove l'Universo risponde sempre con un sì.

Se nell'Elenco che segue non trovi la malattia di cui soffri, analizzati e diventa il tuo stesso guaritore. Chiediti: *È una forma di paura o di rabbia?* Sei disposto a eliminare questi pensieri? Sei pronto a sostituirli con affermazioni positive? Amando te stesso contribuirai enormemente a guarire il corpo, perché l'amore è un toccasana.

Quindi, come fare per amarsi? Prima di tutto, e soprattutto: smetti di criticarti e di criticare gli altri. Accettati come sei. Apprezzati il più possibile. Le critiche e il giudizio abbattono il tuo spirito, invece gli apprezzamenti lo edificano. Guardati spesso allo specchio e dì semplicemente *TI AMO, TI AMO DAVVERO.* All'inizio potrebbe risultare difficile, ma con la pratica presto sentirai e penserai veramente quel che dici. Amati il più possibile e la vita ti ricambierà riflettendo questo stesso amore.

A ogni modo, la fibromialgia è paura sotto forma di forte tensione dovuta allo stress.

Louise Hay

Capitolo Quindici

L'Elenco

Sono sano, integro, completo.

Mentre scorri l'Elenco che segue, prova a vedere se trovi la correlazione tra una malattia che hai avuto, o di cui soffri tuttora, e le probabili cause che ho elencato. Un buon metodo di consultazione dell'Elenco quando hai un problema fisico è:

1. Cerca la Probabile causa. Verifica se sia vera anche per te. Altrimenti, siediti in un posto tranquillo e chiediti: "Quali potrebbero essere i pensieri che hanno creato questo disturbo?".
2. Ripeti a te stesso: "Sono disposto a eliminare lo schema della coscienza che ha creato questa condizione."
3. Ripeti a te stesso il Nuovo schema di pensiero più volte al giorno.
4. Immagina di essere già nel processo di guarigione.

Tutte le volte che pensi alla malattia, ripeti questi quattro passaggi.

PROBLEMA	Probabile causa	Nuovo schema di pensiero
ABORTO SPONTANEO	Paura. Paura del futuro. "Non ora... più tardi." Tempistica inappropriata.	*L'azione Divina e giusta si dispiega costantemente nella mia vita. Amo e approvo me stessa. Va tutto bene.*
ACNE	Mancata accettazione di sé. Disprezzare se stessi.	*Sono una espressione Divina della vita. Amo e accetto me stesso così come sono in questo momento.*
ADENOIDI	Attrito in famiglia, litigi. Il figlio in arrivo non si sente desiderato.	*Questo bambino è desiderato, bene accolto e profondamente amato.*
AFFATICAMENTO	Resistenza, noia. Mancanza di amore per ciò che si fa.	*Sono entusiasta della vita e sono pieno di energia ed entusiasmo.*
AFTA	Parole avvelenate trattenute dalle labbra. Biasimo.	*Creo solo esperienze gioiose nel mio amorevole mondo.*
AIDS	Sentirsi indifesi e disperati. Nessuno tiene a noi. Forte convinzione di non essere abbastanza bravi. Negazione di sé. Senso di colpa legato al sesso.	*Faccio parte del disegno Divino. Sono importante, la vita mi ama. Sono potente e capace. Amo e apprezzo tutto di me.*
ALCOLISMO	"A che pro?". Sentirsi inutili, inadeguati, in colpa. Rifiuto di se stessi.	*Vivo nel presente. Ogni momento è nuovo. Scelgo di riconoscere il mio valore. Mi amo e mi approvo.*

PROBLEMA	Probabile causa	Nuovo schema di pensiero
ALITO CATTIVO *[Vedi anche ALITOSI]*	Pensieri di rabbia e vendetta. Riaffiorare delle esperienze passate.	*Lascio andare il passato con amore. Scelgo di dare voce soltanto all'amore.*
ALITOSI *[Vedi anche ALITO CATTIVO]*	Avere atteggiamenti sgradevoli, fare pettegolezzi ignobili, fare cattivi pensieri.	*Parlo con amore e gentilezza. Emano solo il bene.*
ALLERGIE *[Vedi anche FEBBRE DA FIENO]*	A chi sei allergico? Negazione del proprio potere personale.	*Il mondo è un posto sicuro e amichevole. Sono al sicuro. Sono in pace con la vita.*
ALLUCE VALGO	Mancanza di gioia nel fare le esperienze della vita.	*Corro gioiosamente incontro alle meravigliose esperienze della vita.*
AMENORREA *[Vedi anche PROBLEMI FEMMINILI, PROBLEMI MESTRUALI]*	Desiderare di non essere donna. Disprezzo di sé.	*Sono felice di essere me stessa. Sono una bella espressione della vita, sempre in armonia con il flusso degli eventi.*
AMNESIA	Paura. Fuga dalla vita. Incapacità di farsi valere.	*Intelligenza, coraggio e autostima sono sempre presenti in me. È sicuro vivere.*
ANCHE	Sostengono il corpo in perfetto equilibrio. Maggior impeto nell'avanzare.	*C'è gioia in ogni giornata. Sono libero e in equilibrio.*

PROBLEMA	Probabile causa	Nuovo schema di pensiero
- Problemi alle ANCHE	Paura di andare fino in fondo nelle decisioni importanti. Niente per cui valga la pena di andare avanti.	*Sono in perfetto equilibrio. Avanzo nella vita con facilità e gioia a ogni età.*
ANEMIA	Tendenza a dire "Sì, ma...". Mancanza di gioia. Paura della vita. Non sentirsi abbastanza bravi.	*È sicuro per me provare gioia in ogni area della vita. Amo la vita.*
ANEMIA FALCIFORME	La convinzione di non essere abbastanza bravi distrugge la gioia stessa di vivere.	*Questo bambino vive e respira la gioia della vita e viene nutrito dall'amore. Dio compie miracoli ogni giorno.*
ANGINA	Convinzione di non essere in grado di farsi valere e di riuscire a essere felici.	*È un mio diritto soddisfare i miei bisogni. Chiedo ciò che voglio con amore e facilità.*
ANO *[Vedi anche EMORROIDI]*	Punto di liberazione e scarico.	*Mi libero facilmente e agevolmente di ciò che non mi serve più nella vita.*
ANO - Ascesso	Rabbia in relazione a ciò che non vuoi lasciare andare.	*È sicuro lasciare andare. Solo ciò di cui non ho più bisogno abbandona il mio corpo.*

PROBLEMA	Probabile causa	Nuovo schema di pensiero
ANO - Dolore	Senso di colpa, desiderio di essere puniti, non sentirsi abbastanza bravi.	*Il passato è passato. Scelgo di amare e approvare me stesso nel qui e ora.*
ANO - Fistole	Eliminazione incompleta dei rifiuti. Trattenere la "spazzatura" del passato.	*Lascio andare tutto il passato con amore.*
ANO - Infiammazione (anale)	Senso di colpa per il passato. Rimorso.	*Mi perdono amorevolmente. Sono libero.*
ANO - Prurito	Senso di colpa per il passato. Rimorso.	*Mi perdono amorevolmente. Sono libero.*
ANO - Sanguinamento *[Vedi SANGUINAMENTO RETTALE]*		
ANORESSIA *[Vedi anche APPETITO]*	Negazione di sé. Estrema paura, odio e rifiuto di se stessi.	*È sicuro essere me stesso. Sono meraviglioso proprio così come sono. Scelgo di vivere. Scelgo la gioia e l'autoaccettazione.*
ANSIA	Non avere fiducia nel dispiegarsi della vita.	*Amo e approvo me stesso e confido nel flusso della vita. Sono al sicuro.*
APATIA	Resistere ai sentimenti. Limitazione e repressione di sé. Paura.	*È sicuro provare sentimenti. Mi apro alla vita. Sono disposto a sperimentare la vita.*

PROBLEMA	Probabile causa	Nuovo schema di pensiero
APPENDICITE	Paura. Paura della vita. Bloccare il flusso benefico della vita.	*Sono al sicuro, mi rilasso e lascio che la vita fluisca gioiosamente.*
APPETITO - Eccessivo	Paura. Bisogno di protezione. Criticare e giudicare le emozioni.	*Sono al sicuro. È sicuro provare sentimenti. I miei sentimenti sono normali e accettabili.*
- Mancanza di APPETITO *[vedi anche ANORESSIA]*	Paura. Protezione. Non fidarsi della vita.	*Amo e approvo me stesso. Sono al sicuro. La vita è sicura e ricca di gioia.*
ARTERIE	Avere in sé la gioia di vivere.	*Sono pieno di gioia. Essa scorre attraverso di me a ogni battito del mio cuore.*
ARTERIOSCLEROSI	Resistenza, tensione. Rigida ristrettezza mentale. Rifiutarsi di vedere il bene.	*Sono completamente aperto alla vita e alla gioia. Scelgo di guardare la vita con amore.*
ARTICOLAZIONI *[Vedi anche ARTRITE, GOMITI, GINOCCHIA, SPALLE]*	Rappresentano i cambiamenti di direzione nella vita e la facilità con cui si compiono.	*Mi adatto facilmente ai cambiamenti. La mia vita è guidata divinamente e seguo sempre la direzione migliore.*
ARTRITE *[Vedi anche ARTICOLAZIONI]*	Non sentirsi amati. Critiche e giudizi, risentimento.	*Sono amato. Ora scelgo di amare e approvare me stesso. Considero gli altri con amore.*

PROBLEMA	Probabile causa	Nuovo schema di pensiero
ARTRITE REUMATOIDE	Profondo criticismo nei confronti dell'autorità. Sentirsi su un piedistallo.	*Io sono la mia autorità. Amo e approvo me stesso. La vita è buona con me.*
ASCESSO	Fermentazione di pensieri relativi a offese, ferite e al desiderio di vendetta.	*Permetto ai miei pensieri di essere liberi. Il passato è passato. Sono in pace.*
ASMA	Amore soffocante. Incapacità di far valere la propria individualità. Repressione del pianto.	*Ora è sicuro per me farmi carico della mia vita. Scelgo di essere libero.*
	Nei bambini e nei neonati: paura di vivere. Non voler essere qui.	*Questo bambino è al sicuro e amato. Questo bambino è accolto e coccolato.*
BALBUZIE	Insicurezza. Mancanza di autoespressione. Non avere il permesso di piangere.	*Sono libero di dire la mia e di farmi valere. Ora è sicuro per me esprimermi. Comunico solo con amore.*
BOCCA	Rappresenta l'accettazione di nuove idee e forme di nutrimento.	*Mi nutro di amore.*

PROBLEMA	Probabile causa	Nuovo schema di pensiero
- Problemi alla BOCCA	Opinioni prefissate. Chiusura mentale. Incapacità di accettare nuove idee.	*Accolgo nuove idee e nuovi concetti e li preparo per la digestione e l'assimilazione.*
BORSITE	Rabbia repressa. Desiderio di colpire qualcuno.	*L'amore rilassa ed elimina tutto ciò che gli è dissimile.*
BRACCIA	Rappresentano la capacità e l'abilità di abbracciare le esperienze della vita.	*Abbraccio e accolgo le esperienze con agio e felicità.*
BRONCHITE	Ambiente familiare incandescente, litigi e grida. A volte silenzio.	*Dichiaro pace e armonia dentro e fuori di me. Va tutto bene.*
BRUCIORE DI STOMACO	Paura, paura, paura. Essere dominati dalla paura.	*Respiro profondamente e in libertà. Sono al sicuro. Ho fiducia nel processo della vita.*
BRUFOLI (FORUNCOLI)	Rabbia, rimuginare, ribollire. Provare rabbia venefica a causa delle ingiustizie subite.	*Esprimo amore e gioia e sono in pace.* *Lascio andare il passato e permetto al tempo di guarire ogni area della mia vita.* *Calmo i miei pensieri e sono sereno.* *Accetto me stesso in quanto essere bello e amato.*

PROBLEMA	Probabile causa	Nuovo schema di pensiero
BULIMIA	Terrore disperato. Costante rimpinzarsi e purgarsi dell'odio per se stessi.	*Sono amato e nutrito e sostenuto dalla vita. È sicuro per me essere vivo.*
CALCOLI BILIARI	Amarezza. Pensieri cattivi. Condanna. Orgoglio.	*Felice rilascio del passato. La vita è dolce, e anche io.*
CALCOLI RENALI	Blocchi di rabbia irrisolta.	*Dissolvo tutti i problemi del passato con facilità.*
CALLOSITÀ	Concetti e idee rigide. Paura radicata.	*È sicuro per me sperimentare e accogliere nuove idee e nuovi atteggiamenti. Sono aperto e ricettivo al bene.*
	Schema di pensiero rigido, trattenere cocciutamente il dolore del passato.	*Vado avanti, mi libero del passato. Sono al sicuro, sono libero.*
CALVIZIE	Paura. Tensione. Cercare di controllare tutto. Non fidarsi del processo della vita.	*Sono al sicuro. Amo e approvo me stesso. Confido nella vita.*
CANCRO	Ferita profonda. Risentimento di lunga data. Profondo segreto o dolore che divora il sé. Coltivare l'odio. "Tanto è inutile!".	*Perdono e lascio andare il passato con amore. Scelgo di riempire il mio mondo con la gioia. Amo e approvo me stesso.*

PROBLEMA	Probabile causa	Nuovo schema di pensiero
CANCRENA	Morbosità mentale. Soffocare la gioia con pensieri velenosi.	*Adesso scelgo pensieri armoniosi e lascio che la gioia fluisca liberamente attraverso di me.*
CANDIDA *[Vedi anche INFEZIONI DA LIEVITO]*	Sensazione di impotenza. Grande frustrazione e rabbia. Pretendere molto dalle relazioni e non avere fiducia. Assorbire energie. Rabbia per aver preso le decisioni sbagliate.	*Accetto con amore le mie decisioni, sapendo che sono libero di cambiare. Sono al sicuro. Mi do il permesso di essere tutto quello che posso. Merito il meglio nella vita. Amo e apprezzo me stesso e gli altri.*
CAPELLI BIANCHI	Stress, avere atteggiamenti stressanti.	*Sono in pace e a mio agio in ogni area della mia vita. Sono forte e capace.*
CATARATTA	Incapacità di guardare al futuro con gioia. Il futuro appare oscuro e minaccioso.	*La vita è eterna e piena di gioia. Attendo con entusiasmo ogni nuovo istante.*
CATARRO NELLE CAVITÀ NASALI INTERNE	Pianto interiore. Lacrime infantili.	*Riconosco e accetto di essere l'artefice del mio mondo. Ora scelgo di godermi la vita.*
CAVIGLIE	Rigidità e senso di colpa. Le caviglie rappresentano l'abilità di ricevere piacere.	*Merito di gioire nella vita. Accetto tutto il piacere che la vita ha da offrirmi.*

PROBLEMA	Probabile causa	Nuovo schema di pensiero
CELLULITE	Rabbia repressa e autopunizione.	*Perdono gli altri. Perdono me stesso. Sono libero di amare e di godere della vita.*
CERVELLO	Rappresenta il nostro computer interno, il pannello di comando.	*Sono l'operatore amorevole della mia mente.*
CERVELLO - Tumore	Credenze scorrette cristallizzate. Testardaggine. Rifiutarsi di cambiare vecchi schemi.	*È facile per me riprogrammare il computer della mia mente. Tutta la vita è cambiamento e la mia mente si rinnova costantemente.*
CHERATITE *[Vedi anche OCCHI]*	Rabbia esacerbata. Desiderio di colpire chi e cosa vedi.	*Permetto all'amore di guarire tutto ciò che vedo. Scelgo la pace. Va tutto bene nel mio mondo.*
CHINETOSI (CINETOSI) *[Vedi anche MAL D'AUTO, MAL DI MARE]*	Paura. Paura di non avere il controllo.	*Ho sempre il controllo dei miei pensieri. Sono al sicuro. Amo e approvo me stesso.*
CIFOSI *[Vedi anche SCOLIOSI]*	Incapacità di lasciarsi andare al flusso della vita. Paura e tentativo di restare ancorati a vecchie idee. Non fidarsi della vita. Mancanza di integrità.	*Elimino tutte le paure. Ora mi fido del processo della vita. So che la vita è dalla mia parte. Mi raddrizzo e mi elevo nell'amore.*

PROBLEMA	Probabile causa	Nuovo schema di pensiero
CIRCOLAZIONE SANGUIGNA	Rappresenta la capacità di sentire ed esprimere le emozioni in modo positivo.	*Sono libero di far circolare amore e gioia in ogni parte del mio mondo. Io amo la vita.*
CISTI	Proiezione mentale del solito, vecchio, doloroso film. Alimentare ferite aperte. Falso sviluppo.	*I film mentali sono belli perché scelgo che lo siano. Io mi amo.*
CISTITE *[Vedi Problemi alla VESCICA, INFEZIONI ALLE VIE URINARIE]*		
COLESTEROLO *[Vedi anche ARTERIOSCLEROSI]*	Intasamento dei canali della gioia. Paura di accettare la gioia.	*Scelgo di amare la vita. I miei canali della gioia sono liberi e aperti. È sicuro per me ricevere. Il mio bambino interiore risponde soltanto all'amore e ai pensieri d'amore. Tutto è in pace.*
COLITE *[Vedi anche COLON e MUCO NEL COLON, COLITE SPASTICA, INTESTINO]*	Insicurezza. Rappresenta il benessere che ci procura lasciare andare il passato.	*Faccio parte del ritmo e del flusso perfetti della vita.*

PROBLEMA	Probabile causa	Nuovo schema di pensiero
COLITE SPASTICA *[Vedi anche COLITE, COLON e MUCO NEL COLON, INTESTINO]*	Paura di lasciare andare il passato. Insicurezza.	*È sicuro per me vivere. La vita provvede sempre a me. Va tutto bene.*
COLLO (COLONNA CERVICALE)	Rappresenta la flessibilità. La capacità di vedere che cosa c'è sotto.	*Sono in pace con la vita.*
- Problemi al COLLO	Rifiutarsi di vedere gli altri aspetti di una questione. Testardaggine, rigidità.	*Con flessibilità e agio colgo ogni aspetto della questione. Ci sono infiniti modi di fare e vedere le cose. Sono al sicuro.*
COLON	Paura di lasciare andare. Trattenere il passato.	*Lascio andare facilmente ciò che non mi serve più. Il passato è finito e io sono libero.*
- Muco nel COLON *[Vedi anche COLITE, COLITE SPASTICA, INTESTINO]*	Deposito stratificato di vecchi pensieri caotici che ostruiscono il canale adibito allo scarico e all'eliminazione. Crogiolarsi nelle paludi del passato.	*Lascio andare e dissolvo il passato. Penso in modo lucido. Vivo nel presente, felice e in pace.*
COMA	Paura. Fuggire da qualcosa o qualcuno.	*Ti circondiamo di sicurezza e amore. Creiamo per te uno spazio in cui guarire. Sei amato.*

PROBLEMA	Probabile causa	Nuovo schema di pensiero
CONGIUNTIVITE *[Vedi anche OCCHI]*	Rabbia e frustrazione per quel che cerchi invano nella vita.	*Guardo la vita con gli occhi dell'amore. C'è una soluzione armoniosa e io l'accetto ora.*
CONTUSIONI	Piccoli scontri nella vita. Autopunizione.	*Mi amo e mi nutro. Sono dolce e gentile con me stesso. Tutto va bene.*
CONVULSIONI	Fuggire dalla famiglia, da se stessi o dalla vita.	*Sono a casa nell'Universo. Sono protetto, capito e al sicuro.*
COSTIPAZIONE	Rifiuto di rilasciare vecchie idee. Essere bloccati nel passato. Talvolta avarizia.	*Mentre lascio andare il passato, fa il suo ingresso ciò che è nuovo, fresco e vitale.*
CRAMPI	Tensione, paura.	*Mi rilasso, e permetto alla mia mente di essere in pace.*
CRAMPI - Addominali	Paura. Arresto del processo della vita.	*Confido nel processo della vita. Sono al sicuro.*
CUORE *[Vedi anche SANGUE]*	Rappresenta il centro dell'amore e della sicurezza.	*Il mio cuore batte al ritmo dell'amore.*
- Attacco di CUORE *[Vedi anche TROMBOSI CORONARICA]*	Eliminare tutta la gioia dal cuore in favore dei soldi, della posizione sociale ecc.	*Riporto la gioia al centro del mio cuore. Esprimo amore a tutti.*

PROBLEMA	Probabile causa	Nuovo schema di pensiero
CUORE - Problemi	Problemi emotivi di vecchia data. Mancanza di gioia, indurimento del cuore. Credere nella fatica e nello stress.	*Gioia, gioia, gioia. Permetto amorevolmente alla gioia di scorrere nella mia mente, attraverso il corpo e le esperienze che vivo.*
DEBOLEZZA	Bisogno di riposo mentale.	*Regalo alla mia mente una vacanza gioiosa.*
DEMENZA *[Vedi anche MORBO DI ALZHEIMER, SENILITÀ]*	Rifiuto di affrontare il mondo così com'è. Disperazione e rabbia.	*Sono nel posto giusto e sono sempre al sicuro.*
DENTI	Rappresentano le decisioni.	
- Problemi ai DENTI *[Vedi anche RADICI DEI DENTI]*	Indecisione protratta. Incapacità di analizzare le proprie idee e di prendere decisioni.	*Decido in base al principio di verità, e riposo in sicurezza sapendo che nella mia vita accadono solo cose giuste.*
DENTI DEL GIUDIZIO INCUNEATI	Non concedersi lo spazio mentale per creare un fondamento saldo.	*Apro la mia coscienza all'espansione della vita. C'è spazio in abbondanza per crescere e cambiare.*
DEPRESSIONE	Provare rabbia perché si sente di non avere il diritto di "avere". Disperazione.	*Ora vado oltre le paure e i limiti degli altri. Creo la mia vita.*

PROBLEMA	Probabile causa	Nuovo schema di pensiero
DIABETE (IPERGLICEMIA, MELLITO)	Nostalgia per ciò che non si è potuto essere. Forte bisogno di controllo. Profonda sofferenza senza più dolcezza.	*Questo momento è pieno di gioia. Ora scelgo di sperimentare la dolcezza che il giorno mi offre.*
DIARREA	Paura. Rifiuto. Fuga.	*Assumo, assimilo ed elimino in perfetto ordine. Sono in pace con la vita.*
DIPENDENZE	Fuggire da se stessi. Paura. Non sapere come amarsi.	*Ora scopro quanto sono meraviglioso. Scelgo di amare e godere della vita.*
DISMENORREA *[Vedi anche PROBLEMI FEMMINILI, PROBLEMI MESTRUALI]*	Rabbia verso di sé. Odio per il corpo o per le donne.	*Amo il mio corpo. Amo me stessa. Amo i miei cicli. Va tutto bene.*
DISSENTERIA	Paura e intensa rabbia.	*Creo un senso di pace nella mia mente, e il mio corpo la riflette.*
DISSENTERIA - Amebica	Credere che gli altri vogliano approfittarsi di noi.	*Sono io il potere e l'autorità nel mio mondo. Sono in pace.*
DISSENTERIA - Bacillare	Oppressione e disperazione.	*Sono pieno di energia, vitalità e gioia di vivere.*
DISTORSIONI, SLOGATURE	Rabbia e resistenza. Non volersi muovere in una certa direzione nella vita.	*Confido che il processo della vita mi porti al raggiungimento del mio massimo bene. Sono in pace.*

PROBLEMA	Probabile causa	Nuovo schema di pensiero
DISTROFIA MUSCOLARE	"Non vale la pena di crescere ed evolversi."	*Supero i limiti dei miei genitori. Sono libero di dare il meglio.*
DITA ARTRITICHE	Desiderio di punire. Biasimo. Sentirsi vittima.	*Vedo con gli occhi dell'amore e della comprensione. Guardo tutte le mie esperienze attraverso la luce dell'amore.*
DITA DELLA MANO	Rappresentano i dettagli della vita.	*Sono in pace con i dettagli della vita.*
- Pollice	Rappresenta l'intelletto e le preoccupazioni.	*La mia mente è in pace.*
- Indice	Rappresenta l'ego e la paura.	*Sono al sicuro.*
- Medio	Rappresenta la rabbia e la sessualità.	*Sono a mio agio con la sessualità.*
- Anulare	Rappresenta le unioni e il dolore.	*Amo serenamente.*
- Mignolo	Rappresenta la famiglia e il fingere.	*Sono me stesso con la famiglia universale.*
DITA DEL PIEDE	Rappresentano i dettagli minori del futuro.	*La vita si prende cura di se stessa, nei minimi dettagli.*
DOLORE	Senso di colpa. Il senso di colpa cerca sempre una punizione. Rabbia inespressa che si sedimenta nel corpo.	*Lascio andare il passato con amore. Gli altri sono liberi e io sono libero. Nel mio cuore c'è solo bene adesso. Esprimo le mie emozioni in modi gioiosi e positivi.*

PROBLEMA	Probabile causa	Nuovo schema di pensiero
DOLORI DA GAS INTESTINALI (FLATULENZA)	Sentirsi oppresso. Paura. Idee non digerite.	*Mi rilasso e lascio che la vita fluisca liberamente attraverso di me.*
DOLORI DIFFUSI	Desiderio d'amore. Desiderio di essere abbracciati e sostenuti.	*Amo e approvo me stesso. Amo e sono amato.*
ECZEMA	Antagonismo esasperante. Caos mentale.	*Sono circondato da armonia e pace, amore e gioia, ed esse risiedono anche dentro di me. Sono al sicuro e in salvo.*
EDEMA *[Vedi anche GONFIORE]*	Chi o che cosa non vuoi lasciare andare? Chi o che cosa hai paura di perdere?	*Lascio andare il passato volontariamente. È sicuro per me eliminarlo. Sono libero adesso.*
EMICRANIA *[Vedi anche MAL DI TESTA]*	Fastidio nell'essere guidati. Resistenza al flusso della vita. Paure legate alla sessualità. (Solitamente questo disturbo può essere alleviato praticando la masturbazione.)	*Mi rilasso lasciandomi andare al flusso della vita e lascio che essa mi fornisca tutto quello di cui ho bisogno, facilmente e liberamente. La vita è dalla mia parte.*
EMORRAGIE	Esaurimento della gioia. Rabbia.	*Io sono la gioia della vita che si esprime e riceve in perfetta armonia.*

PROBLEMA	Probabile causa	Nuovo schema di pensiero
EMORROIDI *[Vedi anche ANO]*	Paura delle scadenze. Rabbia per il passato. Paura di liberarsi. Sentirsi oppressi.	*Mi libero di tutto ciò che è diverso dall'amore. C'è spazio e tempo per tutto quello che voglio fare.*
ENDOMETRIOSI	Insicurezza, delusione e frustrazione. Rimpiazzare l'amore per sé con lo zucchero. Biasimare.	*Sono sia potente che desiderabile. È meraviglioso essere donna. Amo me stessa e sono appagata.*
ENFISEMA	Paura di prendere dalla vita. Non sentirsi degni di vivere.	*È mio diritto vivere in pienezza e libertà. Amo la vita e amo me stesso.*
ENURESI NOTTURNA	Paura dei genitori, solitamente del padre.	*Guardo questo bambino con amore, compassione e comprensione. Va tutto bene.*
EPATITE *[Vedi anche FEGATO]*	Resistenza al cambiamento. Paura, rabbia, odio. Il fegato è la sede della rabbia e della collera.	*La mia mente è libera e purificata. Lascio il passato e avanzo nel nuovo. Va tutto bene.*
EPILESSIA	Senso di persecuzione. Rifiuto della vita. Sensazione di grande fatica. Violenza autoinflitta.	*Scelgo di vedere la vita come eterna e gioiosa. Sono eterno, gioioso e in pace.*

PROBLEMA	Probabile causa	Nuovo schema di pensiero
ERNIA	Rottura di relazioni. Affaticamento, eccesso di responsabilità, errata espressione della creatività.	*La mia mente è gentile e armoniosa. Amo e approvo me stesso. Sono libero di essere me stesso.*
ERNIA DEL DISCO	Non sentirsi affatto supportati dalla vita. Mancanza di decisione.	*La vita supporta ogni mio pensiero; perciò amo e approvo me stesso e va tutto bene.*
ESAURIMENTO NERVOSO	Essere incentrati e focalizzati su di sé. Ostacolare i canali di comunicazione.	*Apro il mio cuore e creo solo comunicazione amorevole.*
ESCRESCENZE	Nutrire le vecchie ferite. Accumulare risentimento.	*Perdono facilmente. Amo me stesso e mi premio con pensieri di apprezzamento.*
FEBBRE	Rabbia. Bruciare dentro.	*Sono espressione calma e fredda di pace e amore.*
FEBBRE DA FIENO *[Vedi anche ALLERGIE]*	Congestionamento emotivo. Paura del tempo che passa. Mania di persecuzione. Senso di colpa.	*Sono tutt'uno con la vita. Sono sempre al sicuro.*
FEGATO	Qui risiedono la rabbia e le emozioni primitive.	*Amore, pace e gioia sono tutto ciò che conosco.*

PROBLEMA	Probabile causa	Nuovo schema di pensiero
- Problemi al FEGATO *[Vedi anche EPATITE, ITTERIZIA]*	Continue lamentele. Giustificare un atteggiamento di costante autocritica allo scopo di ingannarsi. Stare male.	*Scelgo di vivere con il cuore. Cerco amore e lo trovo ovunque.*
FERITE *[Vedi anche TAGLI]*	Rabbia verso di sé. Sentirsi in colpa.	*Ora rilascio la rabbia in modi positivi. Amo e apprezzo me stesso. Mi perdono e scelgo di amarmi.*
FIBROSI CISTICA	Profonda convinzione che la vita non funzionerà per te. "Povero me."	*La vita mi ama e io amo la vita. Ora scelgo di accogliere la vita pienamente e liberamente.*
FISTOLE	Paura. Un blocco nel processo di liberazione.	*Sono al sicuro. Confido pienamente nel processo della vita. La vita è dalla mia parte.*
FITTE, SPASMI	Soffocare i pensieri con la paura.	*Lascio andare, mi rilasso e mi libero. Sono sicuro nella vita.*
FLEBITE	Rabbia e frustrazione. Incolpare gli altri del limite e della mancanza di gioia nella vita.	*Ora la gioia fluisce liberamente dentro di me e io sono in pace con la vita.*

PROBLEMA	Probabile causa	Nuovo schema di pensiero
FRIGIDITÀ	Paura. Negazione del piacere. Convinzione che il sesso sia qualcosa di brutto. Partner insensibili. Paura del padre.	*È sicuro per me godere del mio corpo. Sono felice di essere donna.*
FUNGHI	Convinzioni stagnanti. Rifiutarsi di lasciare andare il passato. Lasciare che il passato governi il presente.	*Vivo nel presente, felice e libero.*
GAMBE	Ci fanno avanzare nella vita.	*La vita è dalla mia parte.*
- Problemi alle GAMBE	Paura del futuro. Non volersi muovere.	*Avanzo con gioia e sicurezza, sapendo che va tutto bene nel mio futuro.*
GASTRITE *[Vedi anche Problemi allo STOMACO]*	Incertezza. Senso di condanna.	*Amo e approvo me stesso. Sono al sicuro.*
GENGIVE SANGUINANTI	Mancanza di gioia nelle decisioni prese nella vita.	*Confido che l'azione giusta si compia sempre nella mia vita. Sono in pace.*
- Altri problemi alle GENGIVE	Incapacità di sostenere le proprie decisioni. Apatia.	*Sono una persona decisa. Faccio seguito alle mie decisioni e mi sostengo con amore.*
GENITALI	Rappresentano il principio maschile e quello femminile.	*È sicuro essere me stesso.*

PROBLEMA	Probabile causa	Nuovo schema di pensiero
- Problemi ai GENITALI	Preoccuparsi di non essere abbastanza bravi.	*Gioisco di come esprimo la vita. Sono perfetto così come sono. Amo e approvo me stesso.*
GHIANDOLA PITUITARIA	Rappresentano il centro di controllo.	*La mia mente e il mio corpo sono in perfetto equilibrio. Controllo i miei pensieri.*
GHIANDOLE	Rappresenta le riserve di energia. Agire in modo indipendente.	*Sono il potere creativo nel mio mondo.*
- Problemi alle GHIANDOLE	Cattiva distribuzione delle idee improntate all'azione. Tirarsi indietro.	*Ho tutte le idee Divine e l'attività di cui ho bisogno. Adesso avanzo nella vita.*
GHIANDOLE SURRENALI *[Vedi anche MORBO DI ADDISON, MORBO DI CUSHING]*	Disfattismo. Non avere più cura di sé. Ansia.	*Amo e approvo me stesso. È sicuro prendermi cura di me stesso.*
GINOCCHIA	Rappresentano l'orgoglio e l'ego.	*Sono flessibile e fluido.*
- Problemi alle GINOCCHIA	Ego e orgoglio, essere cocciuti. Incapacità di piegarsi. Paura. Rigidità. Non voler cedere.	*Perdono. Comprensione. Compassione. Mi fletto e fluisco in armonia. Va tutto bene.*
GOLA	Canale di espressività e creatività.	*Apro il mio cuore e canto le gioie dell'amore.*

PROBLEMA	Probabile causa	Nuovo schema di pensiero
- Problemi alla GOLA *[Vedi anche MAL DI GOLA]*	Incapacità di dire la propria opinione. Rabbia montante. Creatività repressa. Rifiutarsi di cambiare.	*Va bene alzare la voce. Io mi esprimo liberamente e con gioia. Mi difendo e dico la mia con facilità. Esprimo la mia creatività. Sono disposto a cambiare.*
GOLA INFIAMMATA *[Vedi anche MAL DI GOLA, TONSILLITE]*	Forte convinzione di non potersi difendere e di non poter chiedere aiuto.	*È mio diritto soddisfare le mie necessità. Ora chiedo quello che voglio con amore e semplicità.*
GOMITI	Rappresentano i cambiamenti e l'accettazione di nuove esperienze.	*Fluisco facilmente in nuove esperienze, in nuove direzioni e in nuovi cambiamenti.*
GONFIORE *[Vedi anche EDEMA]*	Essere mentalmente bloccati. Idee dolorose, ingolfate.	*I miei pensieri scorrono liberamente e con facilità. Mi muovo agilmente tra le idee.*
GONORREA	Bisogno di punizione per essere una *brutta* persona.	*Amo il mio corpo. Amo la mia sessualità. Mi amo.*
GOTTA	Bisogno di dominare. Impazienza, rabbia.	*Sono protetto e al sicuro. Sono in pace con me stesso e con gli altri.*
GOZZO *[Vedi anche TIROIDE]*	Odio generato da ciò che gli altri ci hanno inflitto. Sentirsi vittime. Sensazione di essere ostacolati dalla vita. Insoddisfazione.	*Sono il potere e l'autorità nella mia vita. Sono libero di essere me stesso.*

PROBLEMA	Probabile causa	Nuovo schema di pensiero
GRASSO IN ECCESSO *[Vedi anche SOVRAPPESO]*	Ipersensibilità. Spesso rappresenta la paura ed esprime un bisogno di protezione. La paura può nascondere rabbia repressa e resistenza al perdono.	*Sono protetto dall'Amore Divino. Sono sempre protetto e al sicuro. Sono disposto a crescere e ad assumermi le responsabilità della mia vita. Perdono gli altri e adesso creo la mia vita così come voglio che sia. Sono al sicuro.*
GRASSO IN ECCESSO - Braccia	Rabbia per l'amore negato.	*È sicuro per me creare tutto l'amore che voglio.*
GRASSO IN ECCESSO - Pancia	Rabbia per il nutrimento e il sostegno negati.	*Mi nutro con cibo spirituale e sono soddisfatto e libero.*
GRASSO IN ECCESSO - Fianchi	Blocchi di rabbia cocciuta verso i genitori.	*Sono disposto a perdonare il passato. È sicuro per me andare oltre i limiti dei miei genitori.*
GRASSO IN ECCESSO - Cosce	Rabbia repressa risalente all'infanzia, spesso nei confronti del padre.	*Vedo mio padre come un bimbo a cui è mancato l'amore, e lo perdono con facilità. Siamo entrambi liberi.*

PROBLEMA	Probabile causa	Nuovo schema di pensiero
HERPES (HERPES GENITALE)	Condizionamento sociale che porta al senso di colpa e al bisogno di una punizione. Pubblica vergogna. Credere nel castigo di Dio. Rifiuto dei genitali.	*Il Dio in cui credo mi sostiene. Sono normale e spontaneo. Gioisco della mia sessualità e del mio corpo. Sono meraviglioso.*
HERPES SIMPLEX (HERPES LABIALIS)	Bruciare dalla rabbia. Parole amare non dette.	*Penso e dico solo parole d'amore. Sono in pace con la vita.*
ICTUS	Rinuncia. Resistenza. "Morirei piuttosto che cambiare." Rifiuto della vita.	*La vita è cambiamento, e io mi adatto facilmente al nuovo. Accetto la vita: passato, presente, futuro.*
ILEITE (MORBO DI CROHN, ENTERITE)	Paura. Preoccupazione di non essere abbastanza bravo.	*Mi amo e mi approvo. Sto facendo del mio meglio. Sono meraviglioso e in pace.*
IMPOTENZA	Pressione sessuale, tensione, senso di colpa. Convinzioni sociali. Rancore verso il partner precedente. Paura della madre.	*Ora permetto al pieno potere della mia essenza sessuale di esprimersi con facilità e gioia.*
INCIDENTI	Incapacità di parlare e sostenere le proprie idee. Ribellione contro l'autorità. Credere nella violenza.	*Mi libero dello schema mentale che crea tutto questo. Sono in pace. Io valgo.*

PROBLEMA	Probabile causa	Nuovo schema di pensiero
INCONTINENZA	Piena emotiva. Anni passati a controllare le emozioni.	*Sono disposto a sperimentare le emozioni. È sicuro per me esprimere le mie emozioni. Io mi amo.*
INDIGESTIONE	Paura viscerale, terrore, ansia.	*Digerisco e assimilo tutte le nuove esperienze in modo sereno e gioioso.*
INFERMITÀ MENTALE	Rifuggire dalla famiglia. Escapismo, negazione. Violenta separazione dalla vita.	*La mia mente conosce la sua vera identità e la sua essenza creativa che deriva dall'espressione Divina.*
INFEZIONI	Irritazione, rabbia, fastidio.	*Scelgo di essere in pace e armonia.*
INFEZIONI ALLE VIE URINARIE *[Vedi anche problemi alla VESCICA]*	Essere arrabbiati, di solito con una persona di sesso opposto o con il partner. Biasimare gli altri.	*Elimino a livello della coscienza lo schema che crea questa condizione. Sono disposto a cambiare. Amo e approvo me stesso.*
INFEZIONI DA LIEVITO *[Vedi anche CANDIDA]*	Negare i propri bisogni. Non sostenere se stessi.	*Ora scelgo di sostenere me stesso in modi gioiosi e amorevoli.*
INFEZIONI VIRALI *[Vedi anche INFEZIONI]*	Mancanza di gioia nella vita. Amarezza.	*Permetto con amore alla gioia di fluire liberamente nella mia vita. Io mi amo.*
INFIAMMAZIONI	Paura. Vedere rosso. Pensieri brucianti.	*Il mio modo di pensare è calmo, pacifico, equilibrato.*

PROBLEMA	Probabile causa	Nuovo schema di pensiero
INFLUENZA *[Vedi anche MALATTIE DA RAFFREDDAMENTO]*	Reazione a negatività e convinzioni di massa. Credere nelle statistiche.	*Io non mi faccio condizionare dalle convinzioni di massa o dalle stagioni. Sono immune al raffreddore e all'influenza.*
INSONNIA	Paura. Non fidarsi del processo della vita. Senso di colpa.	*Lascio andare il giorno con amore e scivolo in un placido sonno, sapendo che il domani avrà cura di sé.*
INTESTINO	Rappresenta l'eliminazione degli scarti.	*Lasciare andare è facile.*
- Problemi all' INTESTINO	Paura di lasciare andare il vecchio che non serve più.	*Lascio andare il vecchio liberamente e con facilità, e accolgo con gioia il nuovo.*
INTORPIDIMENTO (PARESTESIA)	Rifiutarsi di dare amore e considerazione. Spegnersi mentalmente.	*Condivido i miei sentimenti e il mio amore. Ricambio l'amore che c'è in ognuno.*
INTOSSICAZIONE ALIMENTARE	Permettere agli altri di assumere il controllo. Sentirsi indifesi.	*Ho la forza, il potere e le capacità per digerire tutto quello che mi viene incontro.*
INVECCHIAMENTO	Convinzioni sociali. Modo di pensare obsoleto. Paura di essere se stessi. Rifiuto del presente.	*Amo e accetto me stesso a ogni età. Ogni momento della vita è perfetto.*

PROBLEMA	Probabile causa	Nuovo schema di pensiero
IPERATTIVITÀ	Paura. Sentirsi sotto pressione e in ansia.	*Sono al sicuro. Tutte le pressioni si dissolvono. Io sono bravo abbastanza.*
IPERTIROIDISMO *[Vedi anche TIROIDE]*	Rabbia per essere stati esclusi.	*Sono al centro della vita e approvo me stesso e tutto quello che vedo.*
IPERVENTILAZIONE *[Vedi anche RESPIRAZIONE]*	Paura. Resistere al cambiamento. Non fidarsi nella vita.	*Sono sicuro ovunque nell'Universo. Mi amo e mi fido del processo della vita.*
IPOGLICEMIA	Essere sopraffatti dal peso della vita. "Che senso ha?".	*Ora scelgo di alleggerire la mia vita e di renderla semplice e piena di gioia.*
IPOTIROIDISMO *[Vedi anche TIROIDE]*	Rinunciare. Sentirsi disperatamente soffocare.	*Creo una nuova vita con nuove regole che mi sostengono completamente.*
IRSUTISMO	Rabbia repressa, coperta dalla paura. Desiderio di incolpare gli altri. Spesso si manifesta anche una certa indisponibilità a nutrire e sostenere se stessi.	*Sono un genitore amorevole per me stesso. Sono ricoperto di amore e approvazione. È sicuro per me mostrare chi sono.*
ITTERIZIA *[Vedi anche EPATITE, problemi al FEGATO]*	Subire pregiudizi sia interni che esterni. Squilibrio mentale.	*Provo sentimenti di tolleranza, compassione e amore per tutte le persone, compreso me stesso.*

PROBLEMA	Probabile causa	Nuovo schema di pensiero
LARINGITE	Sei talmente arrabbiato che non riesci a parlare. Paura di far valere le proprie idee. Risentimento verso l'autorità.	*Sono libero di chiedere quel che voglio. È sicuro esprimermi. Sono in pace.*
LEBBRA	Incapacità totale di gestire la vita. Vecchia convinzione in base alla quale non siamo bravi abbastanza o non siamo puliti abbastanza.	*Mi sollevo al di sopra di tutti i limiti. Sono Divinamente guidato e ispirato. L'amore guarisce la vita intera.*
LEUCEMIA *[Vedi anche Problemi del SANGUE]*	Uccidere brutalmente l'ispirazione. "Che senso ha?".	*Vado oltre le limitazioni del passato verso la libertà del presente. È sicuro essere me stesso.*
LEUCORREA *[Vedi anche PROBLEMI FEMMINILI, VAGINITE]*	Convinzione che le donne non abbiano alcun potere sul sesso opposto. Rabbia verso un compagno.	*Sono io a creare tutte le mie esperienze. Sono il potere. Gioisco della mia femminilità. Sono libera.*
LINGUA	Rappresenta la capacità di gustare i piaceri della vita con gioia.	*Gioisco di tutti i doni della vita.*
LIVIDI (ECCHIMOSI)	Piccoli traumi della vita. Autopunizione.	*Amo e mi prendo cura di me. Sono buono e gentile con me stesso. Va tutto bene.*

PROBLEMA	Probabile causa	Nuovo schema di pensiero
LUPUS	Indica la resa. Meglio morire che farsi valere. Rabbia e punizione.	*Dico la mia liberamente e facilmente. Rivendico il mio potere. Amo e approvo me stesso. Sono libero e felice.*
MAL D'AUTO *[Vedi anche CHINETOSI]*	Paura. Schiavitù. Sensazione di essere in trappola.	*Mi muovo con agio attraverso il tempo e lo spazio. Sono circondato solo dall'amore.*
MAL DI GOLA *[Vedi anche TONSILLITE, GOLA, BRONCHITE]*	Trattenere parole cariche di rabbia. Sentirsi incapaci di esprimersi.	*Lascio andare tutte le restrizioni e sono libero di essere me stesso.*
MAL DI MARE *[Vedi anche CHINETOSI]*	Paura. Paura della morte. Mancanza di controllo.	*Sono completamente al sicuro nell'Universo. Sono in pace ovunque mi trovi. Confido nella vita.*
MAL DI TESTA *[Vedi anche EMICRANIA]*	Annullare se stessi. Autocritica. Paura.	*Amo e approvo me stesso. Guardo me stesso e ciò che faccio con gli occhi dell'amore. Sono al sicuro.*
MALARIA	Non essere in equilibrio con la natura e la vita.	*Sono unito e in equilibrio con tutta la vita. Sono al sicuro.*
MALATTIA DI HUNTINGTON	Risentimento per non essere in grado di cambiare gli altri. Disperazione.	*Cedo il controllo all'Universo. Sono in pace con me stesso e con la vita.*

PROBLEMA	Probabile causa	Nuovo schema di pensiero
MALATTIA INCURABILE	A questo punto non si può più essere curati con mezzi esterni. Dobbiamo entrare dentro di noi per trovare una cura efficace. Questa malattia è giunta dal nulla e lì ritornerà.	*Ogni giorno accadono dei miracoli. Vado dentro di me per dissolvere lo schema mentale che ha creato tutto questo, e ora accetto una guarigione Divina. E così sia!*
MALATTIE CRONICHE	Rifiuto di cambiare. Paura del futuro. Non sentirsi al sicuro.	*Sono disposto a cambiare e a crescere. Ora creo un futuro nuovo e sicuro.*
MALATTIE DA RAFFREDDAMENTO	Contrazione mentale, desiderio di rinchiudersi in se stessi. "Lasciatemi solo."	*Sono al sicuro in ogni momento. L'amore mi circonda e mi protegge. Va tutto bene.*
MALATTIE DA RAFFREDDAMENTO - Raffreddore (alte vie respiratorie)	Troppe cose tutte in una volta. Confusione mentale, disordine. Piccole ferite. Avere convinzioni del tipo: "Prendo il raffreddore tre volte l'anno."	*Permetto alla mia mente di rilassarsi e di essere in pace. Chiarezza e armonia sono dentro e attorno a me. Va tutto bene.*
MALATTIE DELL'INFANZIA	Credere nelle classificazioni, nelle convinzioni sociali e nelle false leggi. Comportamento infantile negli adulti che li circondano.	*Questo bambino è protetto divinamente e circondato d'amore. Rivendichiamo l'immunità mentale.*

PROBLEMA	Probabile causa	Nuovo schema di pensiero
- Problemi alla MANDIBOLA	Rabbia. Risentimento. Desiderio di vendetta.	*Sono disposto a cambiare gli schemi mentali che creano questa condizione. Io amo e approvo me stesso. Sono al sicuro.*
MANGIARSI LE UNGHIE	Frustrazione. Tormentare il proprio sé. Disprezzo verso un genitore.	*È sicuro per me crescere. Ora gestisco la mia vita con gioia e sicurezza.*
MANI	Tenere e plasmare. Afferrare e stringere. Aggrapparsi e lasciare andare. Accarezzare. Pizzicare. Tutti modi di gestire le esperienze.	*Scelgo di plasmare tutte le mie esperienze con amore, gioia e semplicità.*
MASTITE *[Vedi SENO]*		
MASTOIDITE	Rabbia e frustrazione. Desiderio di non prestare ascolto a ciò che accade. Spesso si manifesta nei bambini. Paura che infetta la comprensione.	*La pace Divina e l'armonia mi circondano e vivono in me. Va tutto bene nel mio mondo.*
MENINGITE	Pensieri violenti e rabbia verso la vita.	*Lascio andare il biasimo e accetto la pace e la gioia della vita.*

PROBLEMA	Probabile causa	Nuovo schema di pensiero
MENOPAUSA	Paura di non essere più volute. Paura di invecchiare. Rifiuto di sé. Non sentirsi abbastanza brave.	*Sono in equilibrio e in pace in tutti i cicli di cambiamento, e benedico il mio corpo con amore.*
MIDOLLO OSSEO	Rappresenta le convinzioni radicate su di sé, il modo in cui tu ti sostieni e ti prendi cura di te.	*Lo spirito Divino è la struttura di supporto della mia vita. Sono al sicuro, amato e sostenuto al cento per cento.*
MILZA	Ossessioni. Essere ossessionati dalle cose.	*Amo e approvo me stesso. Confido che il processo della vita sia dalla mia parte. Sono al sicuro. Va tutto bene.*
MONONUCLEOSI	Rabbia nel non ricevere amore e apprezzamento. Non avere cura di sé.	*Amo, apprezzo e mi prendo cura di me stesso. Sono bravo abbastanza.*
MORBO DI ADDISON *[Vedi anche GHIANDOLE SURRENALI]*	Grave denutrizione emotiva. Rabbia verso se stessi.	*Mi prendo amorevolmente cura del mio corpo, della mia mente e delle mie emozioni.*
MORBO DI ALZHEIMER *[Vedi anche DEMENZA, SENILITÀ]*	Rifiuto di affrontare il mondo così com'è. Impotenza e disperazione. Rabbia.	*C'è sempre un modo nuovo e migliore per me di sperimentare la vita. Perdono e lascio andare il passato. Avanzo nella gioia.*

PROBLEMA	Probabile causa	Nuovo schema di pensiero
MORBO DI BRIGHT *[Vedi anche NEFRITE]*	Sentirsi come un bambino che non ne fa una giusta e che non è bravo abbastanza. Sentirsi un fallimento, un perdente.	*Amo e approvo me stesso. Mi prendo cura di me. Sono sempre adeguato, in tutte le circostanze.*
MORBO DI CUSHING *[Vedi anche GHIANDOLE SURRENALI]*	Squilibrio mentale, eccessiva produzione di idee contrastanti. Sensazione di essere sopraffatti da una forza più grande.	*Ripristino amorevolmente l'equilibrio tra mente e corpo. Ora scelgo pensieri che mi fanno stare bene.*
MORBO DI HODGKIN	Biasimo e tremenda paura di non essere abbastanza bravo. Frenetica gara per affermarsi, fino all'ultimo respiro. La gioia di vivere viene rimpiazzata dall'ansia di essere accettati.	*Sono felicissimo di essere me stesso. Sono bravo abbastanza così come sono. Amo e approvo me stesso. Sono la gioia che si esprime e che riceve.*
MORBO DI LOU GEHRIG (SLA)	Non essere disposti ad accettare il proprio valore. Negazione del successo.	*So di valere. È sicuro per me avere successo. La vita mi ama.*
MORBO DI PAGET	Sentire che non c'è più alcun fondamento su cui costruire qualcosa. "A nessuno importa nulla."	*So di essere sostenuto dalla vita in modi grandiosi e perfetti. La vita mi ama e ha cura di me.*

PROBLEMA	Probabile causa	Nuovo schema di pensiero
MORBO DI PARKINSON *[Vedi anche PARALISI]*	Paura e desiderio intenso di controllare tutto e tutti.	*Mi rilasso sapendo che sono al sicuro. La vita è dalla mia parte e io confido nel suo dispiegarsi.*
MORSI	Paura. Essere vulnerabili.	*Perdono me stesso e mi amo ora e per sempre.*
MORSI - Di animali	Rabbia verso se stessi. Bisogno di essere puniti.	*Sono libero.*
MORSI - Di insetti	Senso di colpa per le piccole cose.	*Sono libero da ogni tipo di irritazione. Va tutto bene.*
MORTE	Rappresenta l'uscita di scena dal film della vita.	*Mi sposto con gioia verso nuovi livelli di esperienza. Va tutto bene.*
MUSCOLI	I muscoli rappresentano la nostra capacità di movimento nella vita. Resistenza alle nuove esperienze.	*Sperimento la vita come una danza gioiosa.*
NARCOLESSIA	Non riuscire ad affrontare la vita. Paura estrema. Desiderio di fuga. Non voler essere al mondo.	*Posso contare sulla saggezza e sulla guida Divina affinché mi proteggano sempre. Sono al sicuro.*
NASCITA	Rappresenta l'entrata in questo segmento di vita.	*Questo bambino ora inizia una vita nuova e meravigliosa. Va tutto bene.*

PROBLEMA	Probabile causa	Nuovo schema di pensiero
NASCITA - Difetti	Karma. Hai scelto di venire al mondo in questo modo. Siamo noi a scegliere i nostri genitori e i nostri figli. Compito non portato a termine.	*Ogni esperienza è perfetta e ci permette di crescere. Sono in pace con il posto e il tempo in cui mi trovo.*
NASO	Rappresenta il riconoscimento di sé.	*Riconosco la mia capacità intuitiva.*
NASO - Sanguinamento	Bisogno di riconoscimento. Non sentirsi riconosciuti, passare inosservati. Bisogno disperato d'amore.	*Amo e approvo me stesso. Riconosco il mio reale valore.* *Sono meraviglioso.*
NASO - Che cola	Chiedere aiuto. Sofferenza interiore.	*Amo e conforto me stesso in modi piacevoli per me.*
NASO - Intasato	Non riconoscere il proprio valore.	*Amo e apprezzo me stesso.*
NATICHE	Rappresentano il potere.	*Uso il mio potere saggiamente. Sono forte. Sono al sicuro.* *Va tutto bene.*
NAUSEA	Paura. Rifiutare un'idea o un'esperienza.	*Sono al sicuro. Mi fido del processo della vita che mi porta a vivere solo esperienze positive.*

PROBLEMA	Probabile causa	Nuovo schema di pensiero
NEFRITE *[Vedi anche MORBO DI BRIGHT]*	Reazione esagerata alla delusione e al fallimento.	*Nella mia vita avvengono solo azioni buone e giuste. Lascio andare il vecchio e accolgo il nuovo. Va tutto bene.*
NERVI	Rappresentano la comunicazione. Sono recettori di informazioni.	*Comunico facilmente e con gioia.*
NERVOSISMO	Paura, ansia, fatica, fretta. Non fidarsi della vita.	*Sono in un viaggio infinito verso l'eternità e c'è tempo in abbondanza. Comunico con il mio cuore. Va tutto bene.*
NEVRALGIA	Punizione per il senso di colpa. Angoscia dovuta alla comunicazione.	*Mi perdono. Amo e approvo me stesso. Comunico con amore.*
NODO ALLA GOLA (GLOBUS HYSTERICUS)	Paura. Non fidarsi nel processo della vita.	*Sono al sicuro. Confido nel fatto che la vita sia dalla mia parte. Mi esprimo liberamente e con gioia.*
NODULI	Risentimento, frustrazione ed ego ferito in ambito lavorativo.	*Rilascio lo schema della procrastinazione che ho dentro e adesso permetto al successo di entrare nella mia vita.*

PROBLEMA	Probabile causa	Nuovo schema di pensiero
OBESITÀ *[Vedi anche SOVRAPPESO]*	Ipersensibilità. Spesso rappresenta la paura e il bisogno di protezione. La paura potrebbe nascondere rabbia repressa e resistenza al perdono.	*Sono protetto dall'Amore Divino. Sono sempre protetto e al sicuro.*
OCCHI	Rappresentano la capacità di vedere chiaramente il passato, il presente e il futuro.	*Vedo con amore e gioia.*
- Problemi agli OCCHI	Non ci piace quello che vediamo nella nostra vita.	*Ora creo una vita che amo guardare.*
- Problemi agli OCCHI NEI BAMBINI	Non voler vedere ciò che accade in famiglia.	*Armonia, gioia, bellezza e sicurezza ora circondano il bambino.*
OCCHI - Astigmatismo	"Io creo problemi." Paura di vedere il nostro vero sé.	*Sono disposto a vedere la mia bellezza e perfezione.*
OCCHI - Cataratta	Incapacità di guardare al futuro con gioia. Futuro nero.	*La vita è eterna e piena di gioia.*
OCCHI - Exotropia	Paura di guardare il presente, il qui e ora.	*Amo e approvo me stesso proprio ora.*

PROBLEMA	Probabile causa	Nuovo schema di pensiero
OCCHI - Glaucoma	Forte incapacità di perdonare. Pressione per ferite e offese di vecchia data. Essere sopraffatti da tutto.	*Vedo con amore e tenerezza.*
OCCHI - Miopia	Paura del futuro.	*Accetto la guida Divina e sono sempre al sicuro.*
- OCCHI arrossati *[Vedi anche CONGIUNTIVITE]*	Rabbia e frustrazione. Non voler vedere.	*Lascio andare il bisogno di avere ragione. Sono in pace. Amo e approvo me stesso.*
OCCHI - Presbiterismo	Paura del presente.	*Sono al sicuro nel qui e ora. Lo vedo chiaramente.*
OCCHI - Secchezza	Occhi infiammati. Rifiutarsi di guardare al mondo con amore. Preferire la morte al perdono. Essere cattivi, maligni.	*Sono disposto a perdonare. Infondo energia vitale nella mia visione e guardo con compassione e comprensione.*
OCCHI - Strabismo	Rifiutarsi di vedere cosa c'è là fuori. Intenzioni contrastanti.	*È sicuro per me vedere. Sono in pace.*
ODORE DEL CORPO	Paura. Disgusto di sé. Paura degli altri.	*Amo e approvo me stesso. Sono al sicuro.*
ORECCHIE	Rappresentano la capacità di sentire.	*Ascolto con amore.*

PROBLEMA	Probabile causa	Nuovo schema di pensiero
- MAL D'ORECCHIE (OTITI: orecchio esterno/canale mediano/orecchio interno)	Rabbia. Non voler ascoltare. Troppa confusione. Liti in famiglia.	*Sono circondato da armonia. Ascolto con amore ciò che è piacevole e buono. Sono un centro d'amore.*
ORTICARIA	Piccole paure nascoste. Prendere lucciole per lanterne.	*Infondo la pace in ogni angolo della mia vita.*
ORZAIOLO *[Vedi anche OCCHI]*	Guardare la vita con occhi pieni di rabbia. Essere arrabbiati con qualcuno.	*Scelgo di vedere tutto e tutti con gioia e amore.*
OSSA *[Vedi anche SCHELETRO]*	Rappresentano la struttura dell'Universo.	*Sono ben strutturato e bilanciato.*
OSSA - Deformità	Pressioni mentali e ristrettezza. I muscoli non riescono ad allungarsi. Perdita della flessibilità mentale.	*Respiro pienamente nella vita. Mi rilasso e confido nel flusso e nel processo della vita.*
OSSA - Fratture/rotture	Ribellarsi contro l'autorità.	*Nel mio mondo sono io l'autorità, perché sono il solo artefice dei miei pensieri.*
- Problemi alle OSSA - Osteomielite	Rabbia e frustrazione nei confronti della vita. Non sentirsi supportati.	*Sono in pace con la vita e mi fido del suo svolgersi. Sono in salvo e al sicuro.*

PROBLEMA	Probabile causa	Nuovo schema di pensiero
OSSA - Osteoporosi	Sentire di non avere più sostegno nella vita.	*Difendo da solo le mie idee e la vita mi sostiene in modi amorevoli e inaspettati.*
OSSO PUBICO	Rappresenta la protezione dei genitali.	*La mia sessualità è al sicuro.*
OVAIE	Rappresentano la creazione. Creatività.	*Sono in equilibrio nel flusso creativo.*
PANCREAS	Rappresenta la dolcezza della vita.	*La mia vita è dolce.*
PANCREATITE	Rifiuto. Rabbia e frustrazione perché la vita sembra aver perso la sua dolcezza.	*Amo e approvo me stesso e sono io il creatore della dolcezza e della gioia nella mia vita.*
PARALISI *[Vedi anche PARALISI DI BELL, PARALISI CEREBRALE, MORBO DI PARKINSON]*	Pensieri paralizzanti. Restare bloccati. Paura, terrore. Fuggire da una situazione o da una persona. Resistenza.	*Sono un libero pensatore e vivo esperienze meravigliose con semplicità e gioia. Sono tutt'uno con la vita. Sono perfetto in tutte le situazioni.*
PARALISI DI BELL *[Vedi anche PARALISI]*	Estremo controllo sulla rabbia. Non essere disposti a esprimere i propri sentimenti.	*È sicuro per me esprimere i miei sentimenti. Mi perdono.*
PARALISI CEREBRALE *[Vedi anche PARALISI]*	Bisogno di riunire la famiglia con un atto d'amore.	*Contribuisco a una vita familiare unita, amorevole e pacifica. Va tutto bene.*

PROBLEMA	Probabile causa	Nuovo schema di pensiero
PARASSITI	Cedere il proprio potere agli altri, lasciare che prendano il sopravvento.	*Riprendo il mio potere ed elimino tutte le interferenze.*
PARODONTITE (PERIODONTITE) *[Vedi PIORREA]*		
PARTE DESTRA DEL CORPO	Esprimere, lasciare andare, energia maschile, uomini, il padre.	*Bilancio facilmente e senza sforzo la mia energia maschile.*
PARTE SINISTRA DEL CORPO	Rappresenta la ricettività, la capacità di assorbire, l'energia femminile, le donne, la madre.	*La mia energia femminile è meravigliosamente bilanciata.*
PELLE	Protegge la nostra individualità. È un organo di senso.	*Mi sento sicuro a essere me stesso.*
- Problemi alla PELLE *[Vedi anche PSORIASI, SFOGO CUTANEO]*	Ansia, paura. Vecchi rifiuti sepolti. Sentirsi minacciati.	*Mi proteggo amorevolmente con pensieri di gioia e pace. Il passato è perdonato e dimenticato. In questo momento sono libero.*
PERDITA DELL'EQUILIBRIO	Pensiero dispersivo. Non avere un centro.	*Ritrovo il mio centro in tutta sicurezza e accetto la perfezione della mia vita. Va tutto bene.*
PIANTO	Le lacrime sono il fiume della vita, versate nella gioia, nella tristezza e nella paura.	*Sono in pace con tutte le mie emozioni. Amo e approvo me stesso.*

PROBLEMA	Probabile causa	Nuovo schema di pensiero
PIEDE VALGO	Frustrazione per non essere accettati. Incapacità di avanzare con facilità.	*Amo e approvo me stesso. Mi do il permesso di andare avanti. È sicuro muoversi.*
PIEDI	Rappresentano la comprensione di noi stessi, della vita e degli altri.	*La mia comprensione è chiara e sono disposto a cambiare quando serve. Sono al sicuro.*
- Problemi ai PIEDI	Paura del futuro e di non andare avanti nella vita.	*Avanzo nella vita con gioia e facilità.*
PIORREA (PARODONTITE)	Rabbia per l'incapacità di prendere decisioni. Persone indecise.	*Io approvo me stesso e le mie decisioni sono sempre perfette per me.*
PLESSO SOLARE	Reazioni "di pancia". Centro del nostro potere intuitivo.	*Mi fido della mia voce interiore. Sono forte, saggio e potente.*
POLIOMELITE	Gelosia paralizzante. Desiderio di fermare qualcuno.	*C'è abbondanza per tutti. Creo il mio bene e la mia libertà con pensieri d'amore.*
POLMONI	Capacità di accogliere la vita.	*Accolgo la vita in perfetto equilibrio.*
- Problemi ai POLMONI *[Vedi anche POLMONITE]*	Depressione. Sofferenza. Paura di accogliere la vita. Non sentirsi degni di vivere appieno.	*Ho la capacità di accogliere la vita nella sua ricchezza e totalità. Vivo amorevolmente appieno.*

PROBLEMA	Probabile causa	Nuovo schema di pensiero
POLMONITE	Disperazione. Essere stanchi della vita. Ferite emotive a cui non si permette di guarire.	*Accolgo liberamente le idee Divine che sono pregne del respiro e dell'Intelligenza della vita. Questo è un momento nuovo.*
POLSI	Rappresentano il movimento e l'agilità.	*Gestisco tutte le mie esperienze con saggezza.*
PROBLEMI FEMMINILI *[Vedi anche AMENORREA, DISMENORREA, LEUCORREA, PROBLEMI MESTRUALI, VAGINITE]*	Negazione di sé. Respingere la propria femminilità. Respingere il principio femminile.	*Sono felice della mia femminilità. Amo essere donna. Amo il mio corpo.*
PROBLEMI LINFATICI	Avvertimento che invita a rifocalizzare la mente sulle cose importanti della vita. Amore e gioia.	*Adesso sono completamente focalizzato sull'amore e sulla gioia di essere vivo. Fluisco in armonia con la vita. La mia mente è in pace.*
PROBLEMI MESTRUALI *[Vedi anche AMENORREA, DISMENORREA, PROBLEMI FEMMINILI]*	Rifiuto della propria femminilità. Senso di colpa, paura. Convinzione che i genitali siano peccaminosi o sporchi.	*Accetto il mio pieno potere di donna e accetto tutti i processi fisici come naturali e normali. Amo e approvo me stessa.*

PROBLEMA	Probabile causa	Nuovo schema di pensiero
PROBLEMI RESPIRATORI *[Vedi anche IPERVENTILAZIONE]*	Paura. Non fidarsi del processo della vita. Restare bloccati nell'infanzia.	*È sicuro crescere. Il mondo è sicuro. Io sono al sicuro. Amo la mia vita.*
	Paura o rifiuto di vivere pienamente. Non sentire di avere il diritto di occupare il proprio spazio o persino di esistere.	*È mio diritto vivere appieno e liberamente. Io valgo l'amore degli altri. Ora scelgo di vivere appieno.*
PRESSIONE SANGUIGNA - Alta (IPERTENSIONE)	Problemi emotivi di lunga data non ancora risolti.	*Lascio andare gioiosamente il passato. Sono in pace.*
PRESSIONE SANGUIGNA - Bassa	Mancanza d'amore da piccoli. Disfattismo. "A che serve? Tanto non funzionerà comunque."	*Adesso scelgo di vivere nel presente sempre gioioso. La mia vita è una vera e propria gioia.*
PROSTATA	Rappresenta l'essenza maschile.	*Accetto e gioisco della mia mascolinità.*
- Problemi alla PROSTATA	Le paure mentali indeboliscono la prostata. Rinunciare. Pressione sessuale e senso di colpa. Credere nell'invecchiamento.	*Amo e approvo me stesso. Accetto il mio potere. Sono per sempre giovane nello spirito.*

PROBLEMA	Probabile causa	Nuovo schema di pensiero
PRURITO	Desiderio che va contro il buon senso. Insoddisfazione, rimorso. Anelito ad andarsene o a fuggire.	*Sono in pace proprio qui dove mi trovo. Accetto il mio bene, nella consapevolezza che tutto ciò di cui ho bisogno e desidero mi viene dato.*
PSORIASI *[Vedi anche PELLE]*	Paura di essere feriti. Depotenziare i sensi del sé. Rifiutare la responsabilità dei propri sentimenti.	*Accolgo con vitalità le gioie della vita. Merito e accetto il meglio della vita. Amo e approvo me stesso.*
PUNTI NERI	Piccole esplosioni di rabbia.	*Placo i miei pensieri e sono sereno.*
RACHITISMO	Malnutrizione emotiva. Mancanza di amore e di protezione.	*Sono al sicuro e vengo nutrito dall'amore dell'Universo.*
RADICI (DEI DENTI)	Non riuscire più ad affondare i denti in nulla. Convinzioni di fondo distrutte.	*Creo fondamenta salde per me e per la mia vita. Scelgo che le mie convinzioni mi supportino gioiosamente.*
RENI - Problemi	Critiche, delusioni, fallimenti. Vergogna. Reagire in modo infantile.	*Nella mia vita avvengono sempre azioni giuste e ispirate dal Divino. Ogni esperienza racchiude solo il bene. È sicuro crescere.*
RESPIRAZIONE	Rappresenta la capacità di assorbire la vita.	*Amo la vita. È sicuro vivere.*

PROBLEMA	Probabile causa	Nuovo schema di pensiero
RESPIRAZIONE - Tracheite, faringite	Pianto interiore. Lacrime infantili. Vittimismo.	*Riconosco e accetto di essere la forza creativa nel mio mondo. Ora scelgo di godermi la vita.*
RIGIDITÀ	Modo di pensare rigido e inflessibile.	*Sono al sicuro e posso essere mentalmente flessibile.*
RUGHE DISCENDENTI	Le rughe discendenti sono causate da pensieri deprimenti. Risentimento.	*Esprimo la gioia di vivere e permetto a me stesso di godere di ogni istante di ogni giorno, completamente. Ringiovanisco.*
RUSSARE	Forte rifiuto a lasciare andare vecchi schemi.	*Elimino dalla mente tutto ciò che è dissimile dall'amore e dalla gioia. Avanzo dal passato verso ciò che è nuovo, fresco e vitale.*
RUTTARE	Paura. Inghiottire la vita troppo velocemente.	*C'è il tempo e lo spazio per fare tutto quello di cui ho bisogno. Sono in pace.*
SANGUE *[Vedi anche CUORE]*	Rappresenta la gioia nel corpo, il fluire liberamente.	*Sono la gioia della vita che si esprime e riceve liberamente.*
- Problemi del SANGUE *[Vedi anche LEUCEMIA]*	Mancanza di gioia e di circolazione delle idee.	*Idee nuove e gioiose circolano liberamente dentro di me.*
SANGUE - Anemia *[Vedi ANEMIA]*		

PROBLEMA	Probabile causa	Nuovo schema di pensiero
SANGUE - Coagulazione	Interrompere il flusso della gioia.	*Risveglio della nuova vita dentro di me. Io fluisco.*
SANGUINAMENTO RETTALE *[Vedi anche ANO, EMORROIDI]*	Rabbia e frustrazione.	*Mi fido del processo della vita. Nella mia vita avvengono solo azioni buone e giuste.*
SCABBIA	Pensieri infetti. Permettere agli altri di decidere per noi.	*Sono espressione vitale, amorevole e gioiosa della vita. Io mi appartengo.*
SCHELETRO *[Vedi anche OSSA]*	Sbriciolamento della struttura. Le ossa rappresentano il fondamento della nostra vita.	*Sono forte e sano. Sono ben strutturato.*
SCHIENA	Rappresenta il sostegno della vita.	*So che la vita mi sostiene sempre.*
SCHIENA - Problemi alla parte alta	Mancanza di sostegno emotivo. Non sentirsi amati.	*Amo e approvo me stesso. La vita mi sostiene e mi ama.*
SCHIENA - Problemi alla parte centrale	Senso di colpa. Essere bloccati nel passato. Togliersi di dosso un peso.	*Lascio andare il passato. Sono libero di avanzare con l'amore nel cuore.*
SCHIENA - Problemi alla zona lombare	Paura dei soldi. Mancanza di sostegno economico.	*Confido nel processo della vita che si prende cura di tutto ciò di cui ho bisogno. Sono al sicuro.*
SCIATICA	Essere ipocrita. Paura dei soldi e del futuro.	*Avanzo verso il mio bene superiore. Il mio bene è ovunque e io sono protetto e al sicuro.*

PROBLEMA	Probabile causa	Nuovo schema di pensiero
SCLERODERMIA	Proteggersi dalla vita. Non avere fiducia in se stessi e nella capacità di prendersi cura di sé.	*Mi rilasso completamente perché adesso so che sono al sicuro. Confido nella vita e in me.*
SCLEROSI MULTIPLA	Rigidità mentale, durezza di cuore, volontà di ferro, inflessibilità. Paura.	*Scegliendo pensieri amorevoli e gioiosi, io creo un mondo amorevole e gioioso. Sono libero e al sicuro.*
SCOLIOSI	Portare i pesi della vita. Disperazione e impotenza.	*Sono eretto e libero. Amo e approvo me stesso. La mia vita migliora sempre più.*
SENILITÀ *[Vedi anche DEMENZA, MORBO DI ALZHEIMER]*	Ritornare alla cosiddetta sicurezza dell'infanzia. Richiedere cure e attenzioni. Una forma di controllo delle persone che hai attorno. Escapismo.	*Protezione Divina. Sicurezza. Pace. L'Intelligenza dell'Universo opera su ogni piano della vita.*
SENO	Rappresenta la maternità, il nutrimento e l'arricchimento.	*Assorbo e dono nutrimento in perfetto equilibrio.*
SENO - Cisti, noduli, dolori (MASTITE)	Rifiuto di alimentare il sé. Mettere sempre gli altri al primo posto. Iperprotezione. Eccessivo atteggiamento materno. Atteggiamento prepotente.	*Sono importante, valgo. Ora mi prendo cura di me stesso e mi nutro con amore e gioia. Concedo agli altri la libertà di essere ciò che sono. Siamo tutti liberi e al sicuro.*

PROBLEMA	Probabile causa	Nuovo schema di pensiero
SFOGO CUTANEO, ARROSSAMENTO	Irritazione per i ritardi. Modo infantile di ottenere l'attenzione degli altri.	*Amo e approvo me stesso. Sono in pace con il processo della vita.*
SIFILIDE	Cedere il proprio potere e il proprio successo.	*Decido di essere me stesso. Mi approvo così come sono.*
SINDROME PREMESTRUALE	Permettere al caos di prendere il sopravvento. Cedere il proprio potere a influenze esterne. Rifiuto dei processi femminili.	*Ora mi faccio carico della mia mente e della mia vita. Sono una donna potente e dinamica! Ogni parte del mio corpo funziona perfettamente. Io mi amo.*
SINUSITE	Irritazione nei confronti di una persona, qualcuno di molto vicino.	*Io dichiaro che pace e armonia risiedono in me e attorno a me, sempre. Va tutto bene.*
SORDITÀ	Rifiuto, testardaggine, isolamento. Che cosa non vuoi sentire? "Non mi scocciare."	*Ascolto il Divino e gioisco di tutto quello che riesco a sentire. Sono tutt'uno con l'Universo.*
SOVRAPPESO *[Vedi anche OBESITÀ]*	Paura, bisogno di protezione. Fuggire dai sentimenti. Insicurezza, rifiuto di sé. Ricerca di appagamento.	*Sono in pace con i miei sentimenti. Sono al sicuro qui dove mi trovo. Creo la mia stessa sicurezza. Amo e approvo me stesso.*

PROBLEMA	Probabile causa	Nuovo schema di pensiero
SPALLE *[Vedi anche ARTICOLAZIONI, SCOLIOSI]*	Rappresentano la nostra capacità di vivere con gioia. Con il nostro atteggiamento, possiamo rendere la vita un peso.	*Scelgo di permettere a tutte le mie esperienze di essere gioiose e amorevoli.*
SPINA DORSALE	Sostegno flessibile alla vita.	*Sono sorretto dalla vita.*
STERILITÀ	Paura e resistenza al processo della vita, OPPURE non sentire il bisogno di vivere l'esperienza genitoriale.	*Confido nel processo della vita. Sono sempre nel posto giusto, a fare la cosa giusta, nel momento giusto. Amo e approvo me stesso.*
STINCHI	Collasso degli ideali. Gli stinchi rappresentano i principi esistenziali.	*Vivo rispettando i miei più alti principi con amore e gioia.*
STOMACO	Trattiene il nostro nutrimento. Digerisce le idee.	*Digerisco la vita con facilità.*
- Problemi allo STOMACO *[Vedi anche BRUCIORE DI STOMACO, GASTRITE, ULCERA, ULCERA PEPTICA]*	Terrore. Paura del nuovo. Incapacità di assimilare le novità.	*La vita è d'accordo con me. Assimilo il nuovo in ogni momento del giorno. Va tutto bene.*
SUICIDIO	Vedere la vita solo in bianco e nero. Rifiuto di vedere una via d'uscita.	*Vivo nella Totalità delle Possibilità. C'è sempre un altro modo. Sono al sicuro.*

PROBLEMA	Probabile causa	Nuovo schema di pensiero
SVENIMENTI (REAZIONI VASOVAGALI)	Paura. Non saper tener testa alle situazioni. Perdere coscienza.	*Ho il potere, la forza e il sapere per gestire ogni cosa nella mia vita.*
TAGLI *[Vedi anche FERITE]*	Punizione per non aver seguito le proprie regole.	*Creo una vita ricca di ricompense.*
TENIA (VERME SOLITARIO)	Forte convinzione di essere sporchi e vittime impotenti davanti agli atteggiamenti degli altri.	*Gli altri riflettono solo i buoni sentimenti che provo per me stesso. Io amo e approvo tutto ciò che sono.*
TESTICOLI	Principi maschili. Mascolinità.	*È sicuro essere uomo.*
TETANO	Rabbia. Desiderio di controllo. Rifiutarsi di esprimere i propri sentimenti.	*Confido nel processo della vita. Chiedo facilmente ciò che voglio. La vita mi sostiene.*
TIC NERVOSO	Paura. Sensazione di essere osservati dagli altri.	*Ho l'approvazione della vita. Va tutto bene. Sono al sicuro.*
TIGNA	Permettere agli altri di decidere per noi. Non sentirsi abbastanza bravi o puliti.	*Amo e approvo me stesso. Nessuna persona, luogo o cosa ha potere su di me. Sono libero.*
TIMO	Ghiandola principale del sistema immunitario. Sentirsi attaccati dalla vita. Tutti se la prendono con me.	*I pensieri amorevoli rafforzano il mio sistema immunitario. Sono al sicuro sia dentro che fuori. Ascolto me stesso con amore.*

PROBLEMA	Probabile causa	Nuovo schema di pensiero
TINNITO	Rifiuto di ascoltare. Non dare ascolto alla voce interiore. Testardaggine.	*Confido nel mio sé interiore. Ascolto con amore la mia voce interiore. Elimino tutto ciò che è dissimile dall'azione dell'amore.*
TIROIDE *[Vedi anche GOZZO, IPERTIROIDISMO, IPOTIROIDISMO]*	Umiliazione. "Non riesco mai a fare quello che voglio. Quando sarà il mio turno?".	*Supero le vecchie limitazioni e ora permetto a me stesso di esprimermi liberamente e con creatività.*
TONSILLITE *[Vedi anche MAL DI GOLA]*	Paura. Emozioni represse. Creatività bloccata.	*Il mio bene ora fluisce liberamente. Idee Divine si esprimono attraverso di me. Sono in pace.*
TORCICOLLO *[Vedi anche Problemi al COLLO]*	Testardaggine inflessibile.	*È sicuro considerare altri punti di vista.*
TOSSE	Desiderio di urlare al mondo: "Mi vedi?! Ascoltami!".	*Vengo notato e apprezzato nei modi più positivi. Sono amato.*
TROMBOSI CORONARICA *[Vedi anche ATTACCO DI CUORE]*	Sentirsi soli e spaventati. "Non sono bravo abbastanza, non faccio abbastanza. Non ce la farò mai."	*Sono tutt'uno con la vita. L'Universo mi sostiene completamente. Va tutto bene.*
TUBERCOLOSI	Logorarsi per egoismo. Possessività. Pensieri crudeli. Vendetta.	*Amando e approvando me stesso, creo un mondo felice e pacifico in cui vivere.*

PROBLEMA	Probabile causa	Nuovo schema di pensiero
TUMORI	Alimentare vecchie ferite e traumi. Fomentare il rimorso.	*Rilascio amorevolmente il passato e rivolgo la mia attenzione a questo nuovo giorno. Va tutto bene.*
TUNNEL CARPALE *[Vedi anche POLSI]*	Rabbia e frustrazione per le apparenti ingiustizie della vita.	*Ora scelgo di creare una vita gioiosa e abbondante. Sono in pace e a mio agio.*
ULCERA *[Vedi anche BRUCIORE DI STOMACO, Problemi allo STOMACO, ULCERA PEPTICA]*	Paura. Forte convinzione di non essere abbastanza bravi. Che cosa ti sta divorando dentro?	*Amo e approvo me stesso. Sono in pace. Sono calmo. Va tutto bene.*
ULCERA PEPTICA *[Vedi anche BRUCIORE DI STOMACO, Problemi allo STOMACO, ULCERA]*	Paura. Convinzione di non essere abbastanza bravi. Ansia di compiacere gli altri.	*Amo e approvo me stesso. Sono in pace con me stesso. Sono meraviglioso.*
UNGHIA DEL PIEDE INCARNITA	Preoccupazione e senso di colpa per il proprio diritto ad andare avanti.	*È mio diritto Divino scegliere la direzione da seguire nella vita. Sono al sicuro. Sono libero.*
UNGHIE	Rappresentano la protezione.	*È sicuro per me espormi al mondo.*
URETRITE	Rabbia, emozioni. Biasimo.	*Creo solo esperienze gioiose nella mia vita.*

PROBLEMA	Probabile causa	Nuovo schema di pensiero
USTIONI	Rabbia. Esasperazione.	*Creo solo pace e armonia dentro di me e nell'ambiente che mi circonda. Merito di sentirmi bene.*
UTERO	Rappresenta la sede della creatività.	*Sono a casa nel mio corpo.*
VAGINITE *[Vedi anche PROBLEMI FEMMINILI, LEUCORREA]*	Rabbia verso il compagno. Senso di colpa sessuale. Punirsi.	*Gli altri riflettono l'amore e l'autoapprovazione che provo per me stessa. Gioisco della mia sessualità.*
VARICELLA *[FUOCO DI SANT'ANTONIO]*	"Aspetta e spera." Paura e tensione. Ipersensibilità.	*Sono rilassato e in pace perché confido nel processo della vita. Va tutto bene nel mio mondo.*
VENE VARICOSE	Stare in una situazione che detesti. Scoraggiamento. Sentirsi sovraccarichi e troppo impegnati dal punto di vista lavorativo.	*Mi trovo nella verità e vivo e mi muovo nella gioia. Amo la vita e agisco liberamente.*
VERRUCHE	Piccole espressioni di odio. Credere nella cattiveria.	*Sono l'amore e la bellezza della vita nella sua piena espressione.*
VERRUCHE PLANTARI	Rabbia alla base della tua comprensione. Frustrazione per il futuro.	*Avanzo sicuro di me e con semplicità. Confido nella vita e fluisco con essa.*

PROBLEMA	Probabile causa	Nuovo schema di pensiero
VERTIGINI	Modo di pensare irresponsabile e dispersivo. Rifiuto di vedere le cose.	*Sono profondamente centrato e in pace nella vita. È sicuro per me essere vivo e pieno di gioia.*
- Problemi alla VESCICA *[Vedi anche INFEZIONI ALLE VIE URINARIE]*	Ansia. Trattenere vecchie idee. Paura di lasciarle andare. Essere arrabbiati.	*Con agio e facilità lascio andare il vecchio e accolgo il nuovo nella mia vita. Sono al sicuro.*
VESCICHE	Resistenza. Mancanza di protezione emotiva.	*Fluisco dolcemente con la vita e con ogni nuova esperienza. Va tutto bene.*
VIRUS DI EPSTEIN-BARR	Spingersi oltre i propri limiti. Paura di non essere bravo abbastanza. Prosciugare tutto il supporto interiore. Virus dello stress.	*Mi rilasso e riconosco il mio valore. Sono bravo abbastanza. La vita è facile e gioiosa.*
VISO	Rappresenta ciò che mostriamo al mondo.	*È sicuro essere me stesso. Esprimo ciò che sono.*
VITILIGINE	Sentirsi completamente al di fuori delle cose. Non avere un senso di appartenenza. Non sentirsi parte di un gruppo.	*Io sono il vero centro della vita e sono completamente connesso all'amore.*
VOMITO	Violento rifiuto delle idee. Paura del nuovo.	*Digerisco la vita in sicurezza e con gioia. Solo il bene arriva e fluisce attraverso di me.*
VULVA	Rappresenta la vulnerabilità.	*È sicuro per me essere vulnerabile.*

Nello spazio infinito della mia vita,
tutto è perfetto, integro e completo.
La mia vita si rinnova costantemente.
Accetto la salute come lo stato naturale del mio essere.
Ora elimino consciamente qualsiasi schema mentale dentro di me
che possa manifestarsi sotto forma di malattia.
Amo e approvo il mio corpo.
Lo nutro con alimenti e bevande ricche.
Gli faccio fare attività fisica divertente.
Riconosco il mio corpo come una macchina
meravigliosa e perfetta
ed è un privilegio per me vivere al suo interno.
Amo infinitamente l'energia.
Va tutto bene nel mio mondo.

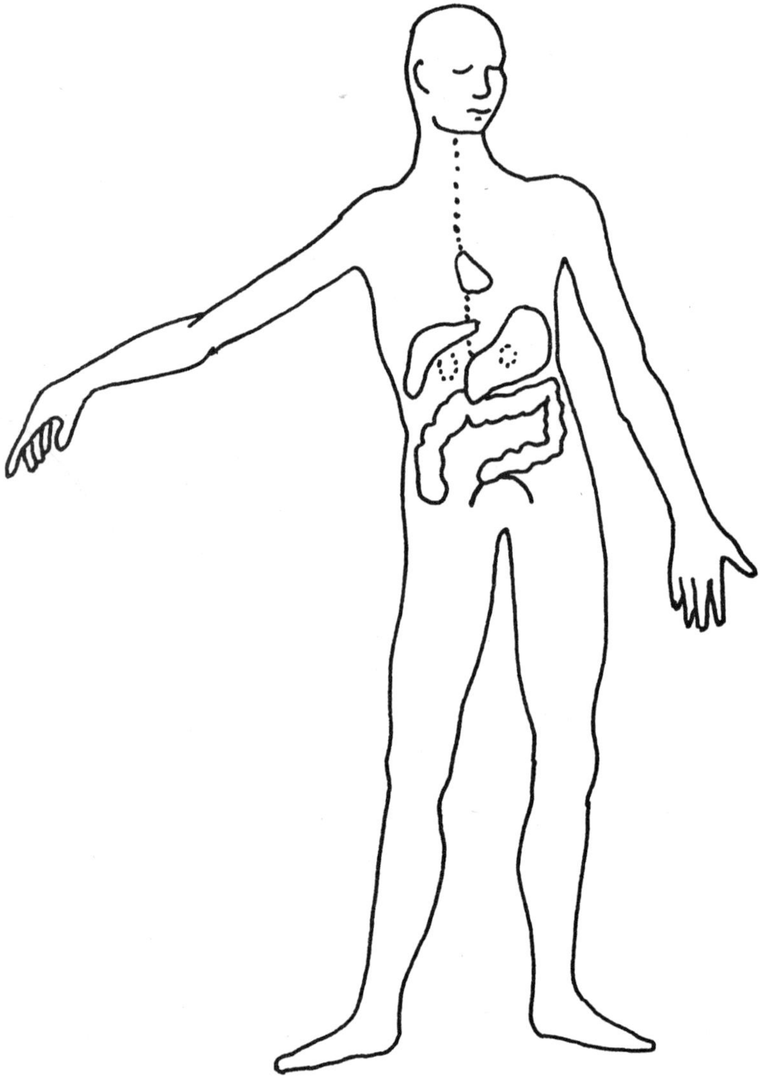

(Disegno di Meganne Forbes)

Nuovi schemi di pensiero

VISO: Acne: Amo e accetto me stesso come sono proprio ora. Sono un essere meraviglioso.

TESTA: Pace, amore, gioia, rilassamento. Mi rilasso nel flusso della vita e lascio che scorra attraverso di me con facilità.

CERVELLO: La vita è cambiamento. I miei schemi di crescita ed evoluzione si rinnovano continuamente.

ORECCHIE: Ascolto Dio. Ascolto le gioie della vita. Sono parte della vita. Ascolto con amore.

NASO: Sono tutt'uno con la vita. Nessuno ha il potere di irritarmi a meno che non sia io a permetterglielo. Pace, armonia. Nego qualsiasi convinzione inerente agli andamenti stagionali.

OCCHI: Sono libero. Guardo avanti liberamente perché la vita è eterna e piena di gioia. Vedo con gli occhi dell'amore. Nessuno può minimamente ferirmi.

BOCCA: Sono una persona determinata. Faccio quel che dico. Accolgo benevolmente nuove idee e nuovi concetti.

COLLO: Sono flessibile. Accolgo benevolmente altri punti di vista.

GOLA: So difendermi. Mi esprimo liberamente. Sono creativo. Parlo con amore.

SPALLE: Borsite: Lascio andare la rabbia in modi innocui. L'amore mi libera e mi rilassa. La vita è gioiosa e libera; tutto ciò che accetto rappresenta il bene.

POLMONI: Il soffio della vita fluisce facilmente attraverso di me. Bronchite: Pace. Nessuno può infastidirmi. Asma: Sono libero di farmi carico della mia vita.

MANI: Plasmo tutte le idee con amore e facilità.

CUORE: Gioia, amore, pace. Accetto la vita con gioia.

DITA: Mi rilasso, sapendo che la saggezza della vita si prende cura di tutti i dettagli.

FEGATO: Lascio andare tutto quello di cui non ho più bisogno. La mia coscienza ora è pulita, rinnovata e vitale.

STOMACO: Assimilo nuove idee con facilità. La vita è d'accordo con me; niente può irritarmi. Sono calmo.

INTESTINO: Sono libero; lascio andare il passato. La vita scorre facilmente attraverso di me. Emorroidi: Rilascio tutte le pressioni e i pesi. Vivo nel presente gioioso.

RENI: Cerco solo il bene, ovunque. Avvengono solo azioni giuste. Sono soddisfatto.

GENITALI: Impotenza: Potere, permetto al pieno potenziale della mia essenza sessuale di agire con agio e gioia. Accetto amorevolmente e con gioia la mia sessualità. Non c'è senso di colpa né punizione.

VESCICA: Lascio andare il vecchio e accolgo il nuovo.

GINOCCHIA: Perdono, tolleranza, compassione. Avanzo senza esitare.

PELVI: Vaginite: Forme e modi possono cambiare ma l'amore non viene mai meno. Mestruazioni: Sono bilanciata in ogni cambiamento del ciclo. Benedico il mio corpo con amore. Tutte le parti del mio corpo sono belle.

PELLE: Attiro l'attenzione in modi positivi. Sono al sicuro. Nessuno minaccia la mia individualità. Sono in pace. Il mondo è sicuro e amichevole. Lascio andare tutta la rabbia e il risentimento. Ho sempre tutto ciò di cui ho bisogno. Accetto il mio bene senza senso di colpa. Sono in pace con tutte le piccole cose della vita.

ANCHE: Avanzo con gioia sostenuto e supportato dal potere della vita. Accedo al mio bene superiore. Sono al sicuro. Artrite: Amore. Perdono. Lascio che gli altri siano loro stessi e sono libero.

SCHIENA: La vita stessa mi sostiene. Ho fiducia nell'Universo. Dono liberamente amore e fiducia. Zona lombare: Ho fiducia nell'Universo. Sono coraggioso e indipendente.

GLANDE: Sono completamente in equilibrio. Il mio sistema è in ordine. Amo la vita e mi muovo liberamente.

PIEDI: Sono nella verità. Avanzo con gioia. Ho una comprensione spirituale.

I nuovi schemi di pensiero (affermazioni positive) possono guarire e rilassare il tuo corpo.

Parte Quarta

Conclusione

Capitolo Sedici

La mia storia

"Mi racconti brevemente qualcosa della tua infanzia?". È una domanda che faccio spesso ai miei clienti. Non c'è bisogno che sappia tutti i dettagli, mi basta un quadro generale che mi faccia capire da dove vengono. I problemi che hanno ora derivano da schemi mentali che risalgono a molto tempo prima.

Quando avevo diciotto mesi ho subito le conseguenze del divorzio dei miei genitori. Ricordo che per me non fu un'esperienza tanto terribile. Ciò che invece ricordo con orrore è quando mia madre iniziò a lavorare come domestica presso una famiglia e mi affidò ad altre persone. Pare che abbia pianto ininterrottamente per tre settimane, tanto che le persone che si prendevano cura di me si rifiutarono di tenermi. Mia madre fu costretta a riprendermi con sé e a trovare un'altra soluzione. Oggi provo una profonda ammirazione per il modo in cui è riuscita a cavarsela da sola. Ma allora, tutto quello che sapevo e di cui m'importava era che non stavo ricevendo l'amorevole attenzione di un tempo.

Non sono mai riuscita a capire se mia madre amasse davvero il mio patrigno o se lo avesse sposato solo per garantirci un tetto sulla testa. Quello che so è che non fu una buona mossa. Era un uomo cresciuto in Europa, in una famiglia tedesca dalle abitudini brutali e violente, ed era il solo modo che conosceva di gestire una famiglia. Mia madre rimase incinta di mia sorella, negli anni Trenta la Depressione si abbatté su di noi, e ci ritrovammo imprigionate in una casa infestata dalla violenza. Avevo cinque anni.

A peggiorare le cose, proprio in quel periodo, un nostro vicino di casa, un vecchio ubriacone, mi violentò. I ricordi della visita del medico e del processo in cui ebbi il ruolo di testimone principale sono ancora vivi nella mia memoria. L'uomo fu condannato a quindici anni di reclusione. Mi sentii ripetere più volte che era stata colpa mia, così passai molti anni con la paura che quell'uomo, una volta liberato, tornasse a vendicarsi perché lo avevo mandato in prigione.

Durante gran parte della mia infanzia subii abusi sia fisici che psicologici, e dovetti anche lavorare duramente. L'immagine che avevo di me diventava sempre più negativa ed erano davvero poche le cose che sembravano andarmi bene. Iniziai a manifestare questo schema mentale anche nel mondo esteriore.

In quarta elementare accadde un episodio che la dice lunga sullo stato della mia vita. Stavamo facendo una festa a scuola, e c'erano diverse torte. La maggior parte degli alunni proveniva da famiglie agiate della classe media, tranne me. Io ero poveramente vestita, con un buffo taglio di capelli a scodella, stivaletti neri alla David Copperfield e per giunta puzzavo di aglio perché mi costringevano a mangiarlo crudo per tenere lontano i vermi. Non mangiavamo mai torte. Non potevamo permettercele. C'era un'anziana signora del vicinato che mi dava dieci centesimi ogni settimana e un dollaro al mio compleanno e a Natale. Quei dieci centesimi finivano nel budget della famiglia, e con il dollaro veniva acquistata la mia biancheria intima per l'anno nuovo in un negozio a buon mercato.

Quel giorno, durante la festa, c'erano così tante torte che alcuni bambini, che già potevano mangiarne a casa quasi ogni giorno, ne presero due o tre fette. Quando finalmente la maestra arrivò a me, e ovviamente fui l'ultima, non ce n'era più neanche un pezzetto.

Adesso capisco con chiarezza che era la mia "convinzione radicata" di essere indegna e di non MERITARE niente a mettermi in fondo alla fila e a non mangiare la torta. Era il MIO schema mentale. LORO non fecero altro che riflettere le mie convinzioni.

Quando avevo quindici anni, non potei più sopportare gli abusi sessuali a cui ero sottoposta in famiglia e scappai di casa, abbandonando anche gli studi. Il lavoro che trovai come cameriera in una tavola calda mi sembrò molto più facile e leggero dei mestieri che dovevo svolgere a casa.

Ero così bisognosa di amore e di affetto, e avevo un'autostima talmente bassa, che offrivo il mio corpo a chiunque si dimostrasse gentile con me; e appena dopo il mio sedicesimo compleanno, diedi alla luce una bimba. Sentivo che era impossibile tenerla; tuttavia riuscii a trovarle una famiglia in grado di accudirla e di amarla. Si trattava di una coppia senza figli che desiderava tanto averne. Vissi con loro per gli ultimi quattro mesi della gravidanza e quando andai in ospedale, lasciai che la bambina prendesse il loro cognome.

Date le circostanze, non provai mai le gioie della maternità, solo la perdita, il senso di colpa e la vergogna. Per me, fu un periodo di dolore e di vergogna, da superare il più presto possibile. Ricordo solo le sue dita dei piedi, insolitamente grandi come le mie. Se mai ci incontrassimo, la riconoscerei da quelle. Me ne andai quando aveva cinque giorni.

Tornai subito a casa e a mia madre, che continuava a fare la vittima, dissi: "Andiamo! Non è più necessario che tu viva in questa condizione. Ti porto via di qui." Mi seguì, lasciando la mia sorellina di dieci anni, che era sempre stata la cocca di papà, col marito.

Dopo aver aiutato mia madre a trovare lavoro come domestica in un piccolo hotel e averla sistemata in un appartamento dove era libera e a suo agio, mi sentii sollevata da qualsiasi obbligo nei suoi confronti. Così partii con un'amica alla volta di Chicago con l'idea di restarci un mese, invece non feci ritorno per più di trent'anni.

In quei primi giorni, le violenze che avevo subito da bambina, unite alla scarsa fiducia in me stessa e alla sensazione di non essere degna di nulla, attraevano nella mia vita uomini che mi maltrattavano e spesso mi picchiavano. Avrei potuto passare il resto della mia esistenza incolpando i maschi in quanto tali, e probabilmente avrei continuato a vivere le stesse esperienze. Gradualmente, invece, grazie a esperienze di lavoro positive, la mia autostima crebbe e quel tipo di uomini iniziò a sparire dalla mia vita, perché era sparito anche lo scopo di confermare la mia vecchia convinzione secondo cui meritavo di essere maltrattata. Non voglio certo giustificare il loro comportamento, ma se non fosse stato per il "mio schema", non si sarebbero sentiti attratti da me. A quel punto, invece, un uomo che non rispettava le donne non si sarebbe nemmeno accorto della mia esistenza. I nostri schemi mentali non si attraevano più.

Dopo qualche anno trascorso a Chicago facendo lavori manuali, mi trasferii a New York e fui tanto fortunata da diventare modella nell'alta moda. Eppure, lavorare per grandi stilisti non aiutò molto la mia autostima, anzi non fece altro che darmi occasione di trovare nuovi difetti in me. Mi rifiutavo di riconoscere la mia bellezza.

Restai nel settore della moda per molti anni. Conobbi e sposai un inglese, un uomo meraviglioso e raffinato. Viaggiammo per il mondo, conoscemmo re e regine e cenammo persino alla Casa Bianca. Malgrado fossi una modella e avessi un marito meraviglioso, la mia autostima restò bassa fino a quando non iniziai a lavorare su di me a livello interiore, alcuni anni dopo.

Un giorno, dopo quattordici anni di matrimonio, mio marito mi annunciò di voler sposare un'altra donna, proprio quando stavo iniziando a credere che le cose belle potessero durare. Fu un duro colpo. Ma il tempo passò e sopravvissi. Sentivo che la mia esistenza stava cambiando e un numerologo me ne diede conferma in primavera, dicendomi che in autunno sarebbe accaduto un piccolo evento che mi avrebbe cambiato la vita.

Si trattò di una cosa talmente piccola che a tutta prima non la notai nemmeno; ne presi coscienza solo parecchi mesi dopo. Quasi per caso, avevo partecipato a un incontro della Chiesa di Religious Science a New York. Non conoscevo il messaggio espresso dai suoi fedeli, ma qualcosa dentro di me mi suggerì di prestare attenzione, e così feci. Non solo partecipavo ai servizi domenicali, ma iniziai anche a seguire i loro corsi settimanali. Il mondo della bellezza e della moda stava perdendo d'interesse per me. Per quanti anni ancora avrei continuato a preoccuparmi del mio girovita o della forma delle sopracciglia? Benché avessi abbandonato la scuola e non avessi mai studiato, divenni una studentessa vorace, e divoravo tutti i libri di metafisica e di guarigione che mi capitavano a tiro.

La Chiesa di Religious Science divenne la mia nuova casa.

Sebbene gran parte della mia vita andasse avanti come al solito, i nuovi studi a cui mi dedicavo iniziarono a occupare sempre più tempo. Nel giro di tre anni, ottenni la licenza per praticare come ministro della Chiesa. Superai gli esami e avviai la mia attività di counselor della Chiesa. Fu solo l'inizio. Successivamente divenni esperta di meditazione trascendentale. Siccome la Chiesa avrebbe tenuto un altro corso di formazione per il sacerdozio solo un anno dopo, decisi di fare qualcosa di speciale per me. Frequentai il college per sei mesi alla MIU, Università Internazionale Maharishi, a Fairfield, nello Iowa.

Si rivelò essere il posto perfetto per me in quel periodo. Ogni lunedì iniziavamo una nuova materia, argomenti di cui avevo a malapena sentito parlare, come la biologia, la chimica e anche la teoria della relatività. Ogni sabato mattina facevamo un test. La domenica era libera, e il lunedì si ricominciava di nuovo.

Non c'erano le distrazioni tipiche che avevo a New York. Dopo cena ci ritiravamo tutti nelle nostre stanze per studiare. Ero la studentessa più anziana del campus e mi godetti ogni istante. Non era permesso fumare, né bere alcolici né usare droghe, e meditavamo quattro volte al giorno. Quando ripartii, appena arrivata all'aeroporto, temetti di collassare per la puzza di fumo di sigaretta.

Tornata a New York, ripresi le fila della mia vita e presto cominciai il programma di formazione sacerdotale. Divenni un membro molto attivo della Chiesa e delle attività sociali che promuoveva. Iniziai a parlare durante le riunioni pomeridiane e a tenere delle sedute. Tutto questo si trasformò presto in un lavoro a tempo pieno, da cui trassi l'ispirazione per scrivere il libretto *Guarisci il tuo corpo.* All'inizio non si trattava altro che di un elenco di malattie fisiche con le corrispondenti cause metafisiche. Successivamente iniziai a tenere conferenze e seminari, e a viaggiare.

Poi un giorno mi venne diagnosticato il cancro.

Con il passato di maltrattamenti che avevo alle spalle fin dall'infanzia, non c'era da stupirsi che avessi sviluppato un tumore nella zona vaginale.

Andai subito nel panico, come chiunque. Tuttavia, grazie all'esperienza con i clienti, sapevo che il lavoro di guarigione condotto a livello mentale funzionava, e quindi avevo la possibilità di dimostrarlo a me stessa. Dopo tutto, avevo scritto il libro sugli schemi del pensiero e sapevo che il cancro è un disturbo correlato a un profondo risentimento trattenuto a lungo, che alla fine divora letteralmente il corpo. Persisteva, da parte mia, il rifiuto di lasciare andare la rabbia e il rancore nei confronti degli "altri" a causa della sofferenza che avevo provato da bambina. Non c'era tempo da perdere: avevo molto su cui lavorare.

La parola *incurabile,* che spaventa così tante persone, per me significa che questa particolare condizione non può essere curata da terapie esterne, e che dobbiamo cercarne l'antidoto dentro di noi. Se mi fossi sottoposta a un'operazione per liberarmi del cancro senza prima aver eliminato lo schema mentale che stava alla base, i dottori avrebbero continuato a tagliuzzare Louise finché non ci sarebbe più stato nulla da tagliare. L'idea non mi piaceva per niente.

Se insieme all'asportazione della massa cancerosa avessi eliminato lo schema mentale che l'aveva causata, non si sarebbe più ripresentata. Se il cancro o qualsiasi altra malattia si ripresenta, non è perché non è stato "tolto tutto", ma perché la mente del paziente è rimasta uguale a se stessa. Perciò l'individuo sviluppa nuovamente la medesima malattia, magari in una parte diversa del corpo.

Ero certa anzi che se avessi eliminato lo schema mentale che aveva provocato il cancro, non avrei nemmeno avuto bisogno di essere operata. Fu così che decisi di prendere tempo e i dottori mi concessero malvolentieri tre mesi quando dissi loro che non avevo i soldi per operarmi. Mi assunsi completamente la responsabilità della mia salute, lessi e approfondii tutto quanto riuscii a trovare sui metodi alternativi per favorire il mio processo di guarigione.

Mi recai in diversi negozi di cibi naturali e acquistai tutti i libri che avevano a disposizione sul cancro. Feci ulteriori ricerche in biblioteca e mi accostai alla riflessologia plantare e alla colon terapia, pensando che entrambe potessero essermi utili. Sembrava che fossi guidata a incontrare le persone giuste. Dopo aver letto della riflessologia plantare, volevo trovare un professionista. Partecipai a una conferenza, e malgrado abitualmente mi sedessi in prima fila, quella sera fui spinta a occupare un posto sul fondo della sala. Nel giro di un minuto, sopraggiunse un uomo che prese posto accanto a me. E, indovina un po'? Si trattava di un riflessologo che faceva visite a domicilio. Venne da me tre volte alla settimana per due mesi e mi fu di grande aiuto. Sapevo che dovevo anche amarmi di più. La mia infanzia era stata priva di amore e nessuno mi aveva insegnato a stare bene con me stessa. Avevo adottato i "loro" atteggiamenti continuando a criticarmi e a rimproverarmi, e ormai era diventata un'abitudine.

Grazie al lavoro svolto al servizio della Chiesa, ero giunta a comprendere che volermi bene e rispettarmi erano condizioni essenziali per la mia vita, tuttavia continuavo a rimandare, così come si fa con la dieta: si inizierà sempre domani. Ma a questo punto non potevo più aspettare. All'inizio fu molto difficile per me eseguire esercizi come guardarmi allo specchio e ripetermi: "Louise, ti amo. Ti amo davvero." Tuttavia, perseverando, notai, che grazie alla pratica con lo specchio e al lavoro su di me non reagivo più come prima alle situazioni che si verificavano nella mia vita. Stavo facendo qualche progresso.

Sapevo che dovevo abbandonare gli schemi di risentimento che mi portavo dietro dall'infanzia. Era imperativo rilasciare il biasimo. Ebbene sì, avevo avuto un'infanzia molto difficile, segnata da innumerevoli abusi mentali, fisici e sessuali. Ma tutto questo era successo molti anni prima e non era una scusa valida per continuare a trattarmi così. Stavo permettendo al cancro di divorarmi letteralmente, perché non riuscivo a perdonare.

Era giunto il momento di andare al di là dei fatti oggettivi e di cominciare a CAPIRE quali esperienze avevano potuto attrarre persone capaci di trattare una bambina a quel modo.

Con l'aiuto di un buon terapista espressi tutta la mia rabbia repressa, prendendo a pugni i cuscini e urlando di collera. Ciò mi fece sentire più pulita. Poi, cominciai a mettere insieme i frammenti delle storie che i miei genitori mi avevano raccontato sulla loro infanzia, in modo da ottenere un quadro più completo delle loro esistenze. Con una maggiore comprensione, e dal mio punto di vista di donna ormai adulta, cominciai a provare compassione per il loro dolore, e a poco a poco quel risentimento scomparve.

Inoltre, ero alla ricerca di un buon dietologo per purificare e disintossicare il mio corpo dal cibo spazzatura che avevo ingerito negli anni. Appresi che una cattiva alimentazione accumula tossine nel corpo, così come i pensieri spazzatura creano e accumulano tossine nella mente. Mi fu prescritta una dieta rigida, a base di verdure e poco altro. Nel corso del primo mese mi sottoposi alla colon terapia tre volte alla settimana.

Non mi feci operare perché, come risultato della mia minuziosa pulizia mentale e fisica, sei mesi dopo la diagnosi i medici furono costretti ad ammettere ciò che già sapevo: il cancro era sparito! Adesso so per esperienza personale che LE MALATTIE POSSONO ESSERE CURATE SE SIAMO DISPOSTI A CAMBIARE IL NOSTRO MODO DI PENSARE, DI CREDERE E DI AGIRE!

Talvolta ciò che sembra un'enorme tragedia si rivela il bene maggiore che potesse capitarci. Imparai moltissimo da questa esperienza e giunsi a considerare la vita in modo nuovo. Cominciai a esaminare ciò che era importante per me e alla fine decisi di lasciare New York, città priva di alberi e dal clima pessimo. Alcuni clienti insistevano nel dire che sarebbero "morti" se li avessi lasciati, e li rassicurai che sarei tornata due volte l'anno a verificare i loro progressi; inoltre attraverso il telefono potevamo restare in contatto dovunque andassi. Così chiusi la mia attività e viaggiai comodamente in treno verso la California, decisa a stabilirmi a Los Angeles come punto di partenza.

Sebbene fossi nata qui, non conoscevo nessuno eccetto mia madre e mia sorella, che all'epoca vivevano nei dintorni, a un'ora di macchina da dove mi ero stabilita. La nostra famiglia non era mai stata né unita né aperta, tuttavia rimasi sgradevolmente sorpresa nello scoprire che da qualche anno mia madre era diventata cieca e nessuno si era preoccupato di informarmi. Mia sorella era troppo "impegnata" per vedermi, così la lasciai perdere e iniziai a organizzare la mia nuova vita.

Il mio libretto *Guarisci il tuo corpo* mi aprì molte porte. Frequentavo tutti gli incontri new age che trovavo. Mi presentavo e, al momento opportuno, distribuivo una copia della mia opera. Nei primi sei mesi andavo spesso in spiaggia sapendo che presto gli impegni mi avrebbero lasciato molto meno tempo libero.

Infatti cominciarono a comparire i primi clienti, fui invitata a parlare in diverse conferenze e il mio lavoro cominciò a ingranare: questo fu il benvenuto che mi riservò Los Angeles. Nel giro di un paio d'anni riuscii a trasferirmi in una casa meravigliosa. Il mio nuovo stile di vita a Los Angeles fu il risultato di un enorme cambiamento a livello di coscienza. Le cose scorrevano lisce, a dimostrazione di come può cambiare velocemente la nostra vita!

Una sera ricevetti una telefonata da mia sorella, la prima in due anni. Mi raccontò che nostra madre, allora novantenne, cieca e quasi sorda, era caduta e si era rotta la schiena. Nel giro di un attimo mia madre si trasformò dalla donna forte e indipendente che era stata in una bambina indifesa e sofferente.

Si ruppe la schiena e infranse anche il muro di segretezza attorno a mia sorella. Finalmente stavamo iniziando a comunicare. Scoprii che anche lei aveva un grave problema alla schiena che la menomava sia nello stare seduta che nel camminare, e le provocava molto dolore. Soffriva in silenzio sebbene sembrasse anoressica, e suo marito non sapeva nemmeno che fosse malata.

Dopo aver trascorso un mese all'ospedale, mia madre era pronta per tornare a casa, ma non era più autosufficiente così venne a vivere con me.

Sebbene avessi fiducia nel processo della vita, non sapevo come cavarmela da sola, così mi rivolsi a Dio: "Va bene, mi prenderò cura di lei, ma Tu mi devi aiutare e mi devi procurare il denaro!". Entrambe dovemmo adattarci molto. Lei arrivò di sabato e il venerdì seguente dovetti recarmi a San Francisco per quattro giorni. Non potevo lasciarla sola, ma dovevo andare. Dissi a Dio: "Devi occupartene Tu! Bisogna trovare la persona giusta che ci aiuti prima che parta."

Il giovedì seguente "apparve" la persona perfetta che si trasferì da noi con il compito di organizzare la casa per mia madre e per me. Fu un'ulteriore conferma alle mie convinzioni di base: "Qualsiasi cosa abbia bisogno di sapere mi viene rivelata, e qualsiasi cosa di cui io necessiti mi viene data secondo il Giusto Ordine Divino."

Mi resi conto che si trattava dell'ennesima lezione per me e di un'occasione per disfarmi di un bel po' di spazzatura dell'infanzia.

Mia madre non era stata in grado di proteggermi quando ero bambina, tuttavia io potevo e volevo prendermi cura di lei ora. Tra mia madre e mia sorella ebbe inizio un rapporto del tutto nuovo.

Offrire a mia sorella l'aiuto che richiedeva fu un'altra sfida per me. Venni a sapere che quando avevo salvato mia madre tanti anni prima, il mio patrigno aveva rivolto la propria ira contro di lei, maltrattandola a sua volta.

Capii che il problema fisico di cui soffriva era stato esacerbato dalla paura e dalla tensione, oltre che dalla convinzione che nessuno potesse aiutarla. Volevo aiutarla dandole la possibilità di scegliere il benessere a quel punto della sua vita, senza assumere il ruolo di soccorritrice.

Lentamente abbiamo cominciato a sciogliere i primi nodi e il processo è in atto ancora oggi. Avanziamo passo per passo mentre io provvedo a creare un'atmosfera di sicurezza per esplorare le diverse alternative di guarigione.

Mia madre, d'altro canto, rispose molto bene alla nuova condizione. Eseguiva gli esercizi meglio che poteva quattro volte al giorno. Il suo corpo divenne più forte e più flessibile. L'accompagnai ad acquistare un apparecchio acustico e si interessò maggiormente alla vita. Malgrado le convinzioni della sua confessione religiosa, la convinsi a farsi operare di cataratta a un occhio. Che gioia per lei vedere di nuovo e per noi vedere il mondo attraverso i suoi occhi. Fu felicissima di poter riprendere a leggere.

Trovammo il tempo di sedere e parlarci come non avevamo mai fatto prima. Tra noi si sviluppò una nuova comprensione; ci sentivamo libere di piangere, ridere e abbracciarci. Talvolta toccava dei tasti che mi facevano capire che c'erano ancora cose da chiarire con me stessa.

* * *

Mia madre ha lasciato la terra serenamente molti anni fa. Mi manca e le voglio bene. Insieme abbiamo portato a termine tutto quello che potevamo e ora siamo entrambe libere.

Postfazione

È difficile credere che siano passati più di venticinque anni dalla prima edizione di *Puoi guarire la tua vita.* In tutto questo tempo, il libro è stato tradotto in quarantadue lingue, è stato distribuito in più di centotrentadue Paesi e a oggi ha venduto più di trentacinque milioni di copie in tutto il mondo.

Quando scrissi *Puoi guarire la tua vita*, all'inizio il mio sogno era andare oltre gli studenti che partecipavano ai miei seminari e raggiungere quante più persone possibile per aiutarle a cambiare la loro vita in meglio. Non avevo idea di come l'Universo avrebbe realizzato il mio sogno e quante persone sarei riuscita ad aiutare. Fin dal momento in cui è uscito, è stato come se la vita avesse detto: "Questo libro deve essere diffuso; deve essere disponibile in tutto il mondo." Penso che il suo successo dipenda dalla mia capacità di aiutare le persone a cambiare e ad amarsi, senza farle sentire in colpa. Inoltre ritengo che la semplicità del suo messaggio ne favorisca la diffusione e il successo in tante culture diverse.

Di recente, a una fiera del libro a Los Angeles (la BookExpo America), un uomo mi ha raccontato che sono autrice best seller nella sua libreria a Kathmandu, in Nepal. Tengo il suo biglietto da visita sulla mia scrivania come promemoria dello straordinario legame che ho con le persone in tutto il mondo. E oggi, internet mi porta migliaia di mail da ogni parte del globo ogni mese. Molte di queste lettere sono da parte di giovani che trovano il messaggio del libro utile e curativo proprio come chi lo ha letto per la prima volta venticinque anni fa.

Nel frattempo sono successe tante cose. Vent'anni fa, per sei anni e mezzo ho lavorato con i malati di AIDS. Tutto è cominciato una sera con alcuni uomini nel mio soggiorno a Los Angeles e nel giro di un paio di anni siamo passati a incontri settimanali con più di ottocento partecipanti. Li ho chiamati "The Hayride[1]". Fu un periodo di grande crescita per me. Il mio cuore era sottoposto a una continua tensione. Ricorderò per sempre le esperienze di quegli anni. Il ciclo di incontri ebbe lunga vita e continuò anche quando lasciai la città, ma il gruppo di supporto Hayride ora non esiste più a West Hollywood.

Qualche tempo dopo la pubblicazione di *Puoi guarire la tua vita,* diversi partecipanti agli incontri parteciparono con me al programma televisivo *Oprah* per diffondere messaggi positivi sull'AIDS. Nella stessa settimana, apparsi a *Donahue,* con il dottor Bernie Siegel. *Puoi guarire la tua vita* entrò nella classifica best seller del *New York Times* e vi restò per quattordici settimane. Assistevo riverente a come la vita mi stava sospingendo in così tante direzioni. Lavorai dieci ore al giorno, sette giorni su sette per un lungo periodo.

La vita segue dei cicli. C'è un tempo per fare determinate cose e poi ce n'è un altro per andare avanti. Per molti anni, ho avuto il piacere di passare tanto tempo nel mio giardino a fare il compost e a nutrire la terra. Un terreno sano dà fiori e frutti spettacolari. Ho anche coltivato la maggior parte del cibo che mangiavo. Poi ho provato a vivere in un palazzo nel centro di San Diego. Pensavo che avere un terrazzo fosse sufficiente per il mio giardinaggio, ma non fu così. Così sono tornata alla terra e ora passo felicemente ogni momento libero scavando, piantando e raccogliendo frutta e ortaggi. Non c'è niente di più delizioso e sano dell'autoproduzione.

---

1. *Ndt:* Hayride *letteralmente significa "un giro per divertimento sul carro che porta il fieno"; in questo caso viene utilizzato con esplicito riferimento al cognome dell'autrice, Louise Hay.*

Dipingere è stato sulla mia lista dei desideri per molto tempo, e mi ci sono dedicata in modo discontinuo nel corso degli anni partecipando a qualche corso. Ho avuto due insegnanti meravigliose che mi hanno permesso di affinare le mie doti pittoriche: Lynn Hays, che mi ha insegnato a dipingere grandi ritratti a olio, e Linda Bounds, che oltre a ispirare me, incoraggia anche i malati di Alzheimer a partecipare ai corsi, dove possono lavorare insieme a un grande dipinto. Gli unici momenti in cui questi pazienti parlano normalmente sono durante i corsi di Linda. La pittura ha decisamente allargato i *miei* confini creativi, così come quelli degli altri!

Nel corso degli ultimi vent'anni ho anche salvato molti animali. Ho detto a ognuno: "Non posso fare niente per il tuo passato; ma ti prometto che vivrai una vita felice e piena d'amore per il resto dei tuoi giorni." Hanno vissuto il tempo che gli restava e ora sono passati oltre. Il mio intuito mi ha suggerito di non tenere animali per ora perché ho bisogno di essere libera di muovermi per il mondo. Inoltre, i miei vicini hanno dei cani, quindi non è un problema per me avere la mia dose quotidiana di coccole e gioco.

Tempo fa, erano poche le persone che facevano il mio stesso lavoro, e sentivo il bisogno di essere ovunque, impartendo continuamente i miei insegnamenti. Oggi invece ci sono tantissimi buoni maestri in giro per il mondo e non sento più l'urgenza di salvare personalmente ciascuno. Ho scritto più di venticinque libri e ho prodotto numerosi video e audiocorsi, quindi le persone interessate hanno materiale a sufficienza per studiare e informarsi. Ho ridotto il numero delle conferenze quasi a zero e ora lavoro dietro le quinte supportando nuovi autori e maestri dotati.

Nel 2008 ho avuto un'altra "prima volta". Ho fatto il mio primo film! Nell'industria cinematografica, molte donne di trentacinque anni non riescono a ottenere una parte perché vengono considerate troppo vecchie. A ottantuno anni è stato il mio turno di essere una star. Diverse persone nel corso degli anni hanno voluto dirigere un film sulla storia della mia vita, ma non erano quelle giuste. Poi verso la fine del 2007, la vita mi ha fatto conoscere il regista Michael Goorjian. Ho guardato nei suoi occhi gentili, ho visto il suo dolce sorriso e il mio cuore ha detto: "Sì, è la persona giusta."

Sebbene Michael e il produttore Noah Veneklasen fossero neofiti al mio modo di pensare, sapevo che il tempo necessario per le riprese e per il montaggio avrebbe dato modo di far penetrare queste idee nelle loro coscienze. Non solo il film *Puoi guarire la tua vita* è stato un successo, ma tutte le persone coinvolte hanno riscontrato cambiamenti positivi nelle loro esistenze.

Leggere è un'ottima cosa, ma guardare un film permette di assorbire il messaggio più in profondità, a livello della coscienza. Ho ricevuto tantissime lettere a testimonianza degli effetti positivi di questo film nella vita delle persone. Quella più toccante è arrivata da un uomo che aveva passato cinque anni in un campo di prigionia giapponese e dopo aver guardato il film, fu finalmente in grado di perdonare i suoi aguzzini e di liberarsi di tutta l'amarezza che si era portato dietro per così tanti anni.

In seguito all'enorme interesse suscitato, ho partecipato a due puntate del programma Tv *Oprah* per parlare sia del film che del libro. Infatti, più di vent'anni fa, *Puoi guarire la tua vita* è restato nella classifica dei best seller del *New York Times* per quattordici settimane e oggi, ventidue anni dopo, è tornato in classifica. Ed è una cosa mai vista.

Quando ho voluto stampare il mio libro per la prima volta, ho fondato una casa editrice chiamata Hay House per autoprodurmi, perché allora credevo che nessun altro editore lo avrebbe pubblicato, visto che questi pensieri erano considerati così rivoluzionari. A quei tempi, non c'era nemmeno la sezione self help nelle librerie, mentre oggi più della metà dei best seller nella classifica del New York Times sono libri di questa sezione. Com'è cambiata la coscienza delle persone! Mi fa stare bene sapere di essere stata uno dei primi pionieri a diffondere il messaggio che tutti abbiamo la capacità di migliorare la qualità della nostra vita.

Da allora Hay House è cresciuta fino a diventare una delle maggiori case editrici nel campo del self help e del benessere mente-corpo-spirito. Ora abbiamo sedi anche in Australia, Gran Bretagna, Sudafrica, India e a New York. Tutti questi cambiamenti andavano ben al di là dei miei sogni migliori. All'inizio, tutto ciò che volevo era aiutare la gente che non potevo vedere personalmente.

Credo fermamente che la crescita di Hay House sia stata supervisionata dall'Universo stesso. Quando scegliamo un nuovo libro da pubblicare, si tratta sempre di qualcosa che possa aiutare gli altri a migliorare se stessi. Adoro supportare autori promettenti che si impegnano a cambiare la vita delle persone.

Ho la fortuna di avere persone eccellenti che guidano Hay House per me. Reid Tracy, presidente e CEO, è una risorsa inestimabile sia per me che per l'azienda. Le sue intuizioni hanno permesso di diffondere il mio messaggio e quello di altri meravigliosi autori in ogni parte del mondo. Anche Shelly Anderson, la mia assistente personale, è preziosissima. Voglio bene a tutte le persone che lavorano nel settore editoriale, artistico, pubblicitario, dell'assistenza clienti, del marketing, delle vendite, della contabilità e della radio, così come a quelle che si occupano del magazzino. Sono gli ingredienti meravigliosi che creano il successo di Hay House. Credo proprio che continueremo a diffondere l'elevato contenuto dei nostri libri e prodotti per molti anni a venire, benedicendo e donando prosperità a tutti quelli con cui entriamo in contatto.

Una volta un astrologo mi disse che quando sono nata, la configurazione della mia carta astrale mostrava che avrei aiutato singolarmente molte, moltissime persone. Ovviamente, ottantatré anni fa non esistevano ancora i registratori, quindi è stato difficile comprendere il vero significato di quella configurazione. Ma con il miracolo della tecnologia, il suono della mia voce su cassetta (e ora su CD) accompagna migliaia di persone ogni notte, prima che si addormentino. La mia voce riesce a far dormire chiunque!

Di conseguenza, molte persone che non ho mai nemmeno incontrato sentono di conoscermi perché passiamo così tanti momenti intimi insieme. Uno degli aspetti meravigliosi di quello che faccio è di essere accolta con amore ovunque vada. Le persone mi considerano come una vecchia amica che le ha aiutate in tanti momenti difficili.

* * *

Mi piacerebbe condividere con te anche alcune riflessioni sull'invecchiamento. A prescindere da quanti anni abbiamo, possiamo sempre lasciare andare il passato e sfondare una nuova barriera. Lascia che ti racconti una delle mie più recenti rivoluzioni.

Sette anni fa, quando ho compiuto settantasei anni, ho deciso di fare una cosa che non avevo mai fatto prima perché avevo paura: ho preso lezioni di ballo. Ho sempre voluto danzare, fin da bambina, ma non ho mai trovato il coraggio di farlo. Per anni sono andata avanti a ripetermi: "In un'altra vita farò la ballerina. Adesso è troppo tardi." Ecco un'affermazione negativa.

Poi un giorno sono passata davanti a una scuola di danza con un cartello che diceva: "Ti insegniamo a ballare un passo alla volta." Così ho pensato: *Un passo alla volta... magari posso farcela.* E il pensiero successivo è stato: *Ho intenzione di vivere ancora parecchi anni. Perché aspettare un'altra vita?!*

E così una nuova era ha avuto inizio per me.

I primi due mesi è stato un inferno. Aspettavo con terrore la lezione ogni mercoledì pomeriggio, ma sapevo che dovevo perseverare. Trattenevo il fiato per tutto il tempo. Ogni piccolo pezzo di spazzatura rimasto venne a galla: imbarazzo, umiliazione e vergogna fluirono tutti attraverso il mio corpo. Non riuscii nemmeno a trovare un'affermazione per risanarlo.

Un giorno, uno dei miei primi insegnanti mi disse: "Louise, riesco a *vedere* la paura che hai dal tuo sguardo. Da dove viene?".

In quel momento non riuscii a rispondere, ma più tardi, di notte, ci pensai su e la risposta fu che c'era una parte di me convinta che sarei stata colpita in pieno viso se avessi "sbagliato". Quella fu una vera e propria rivelazione. La bimba che avevo dentro di me era terrorizzata all'idea di venire picchiata, ma avevo settantasei anni!

Alla lezione successiva, quando lo raccontai all'insegnante, i suoi occhi si riempirono di lacrime. E quella fu la vera svolta per me. Tutti i sentimenti iniziarono a placarsi e io potei concentrarmi sui passi di danza. Ora, a distanza di cinque anni, ho preso molte lezioni private e di gruppo e la danza è diventata un grande divertimento per me. Spesso vado a ballare. Quindi, miei cari, se posso farlo io, potete farlo anche voi. Non è mai troppo tardi per imparare qualcosa di nuovo.

Più invecchio, più la mia salute diventa importante per me. Mangio cose semplici: proteine, verdura e un po' di frutta. Adesso non sono vegetariana, sebbene lo sia stata, ma consumo ugualmente molta verdura. Non mangio più grano, prodotti caseari, zucchero, frumento, limoni, fagioli o caffeina, se non in rarissime occasioni, e faccio molto più esercizio fisico di prima. Ho iniziato a praticare yoga a settantacinque anni e faccio lezione parecchie volte la settimana. In effetti ora sono molto più flessibile di quando ero bambina. Inoltre, seguo anche un corso di Pilates e cammino per un'ora tre volte la settimana. Tutto questo movimento mi aiuta a mantenere il mio corpo in forma.

Nel 2007, a ottobre, ho compiuto ottant'anni. Fu un'occasione da gran galà! C'era tutta la grande famiglia di Hay House, con gli impiegati e gli autori al completo, tutte persone che adoro e a cui voglio bene; ovviamente c'erano anche molti miei amici e amiche. Con uno sguardo che racchiudeva tutti i presenti, annunciai che i dieci anni a venire sarebbero stati i migliori della mia vita fino a quel momento. Fu meraviglioso sentirmelo dire. Ricevetti anche una rosa speciale Louise Hay. È stato bellissimo avere un fiore che porta il mio nome! È molto toccante, perché dopo che io me ne sarò andata, la loro bellezza resterà. Per voi, amanti delle rose, ce ne sono ancora alcuni esemplari disponibili. Ricevetti anche una meravigliosa orchidea Louise Hay, una specie tropicale di colore giallo. Questo tipo di fiore si trova solo nella California meridionale e viene coltivato all'aperto. In quel meraviglioso pomeriggio ebbe inizio la mia nona decade.

Chi può dire che cosa abbiano in serbo per me i prossimi vent'anni? Qualche idea me la sono fatta, ma la vita la sa molto più lunga di me. Uno dei prossimi argomenti che mi piacerebbe affrontare è come avvicinarsi alla morte in modo sereno e gioioso. Abbiamo così tante convinzioni negative a riguardo, tuttavia si tratta di un processo normale e naturale. Nasciamo e moriamo, tutti quanti. Perché abbiamo così tanta paura di morire? Non avevamo paura di nascere. Penso che se imparassimo a vivere con gioia, allora moriremo in modo altrettanto gioioso. Immagino che tocchi a me mostrare alla gente che cosa intendo. Approfondirò l'argomento e poi condividerò le mie scoperte con te.

Tutto è bene. La vita è buona.

Louise Hay

Nello spazio infinito della mia vita,
tutto è perfetto, integro e completo.
Ciascuno di noi, me compresa,
sperimenta la ricchezza e la pienezza della vita
nei modi che hanno senso per noi.
Adesso guardo al passato con amore e scelgo
di imparare dalle esperienze precedenti.
Non c'è giusto o sbagliato, buono o cattivo.
Il passato è passato.
Esiste solo il presente.
Amo me stessa perché mi accompagno
attraverso il passato nel presente.
Condivido ciò che sono e chi sono,
perché so che siamo uniti in spirito.
Va tutto bene nel mio mondo.

In profondità, al centro dentro di me, si trova una eterna sorgente di amore. Ora permetto a questo amore di fluire in superficie. Esso mi riempie il cuore, il corpo, la mente, la coscienza, l'intero essere, da me si irradia in tutte le direzioni e a me ritorna centuplicato. Più amore impiego e dono, più ne ho da dare. La scorta è infinita. Usare amore mi fa sentire bene. È una espressione di gioia interiore. Mi amo, perciò mi prendo cura del mio corpo. Lo nutro con amore offrendogli cibi e bevande nutrienti. Me ne occupo teneramente e lui mi risponde vibrante di salute ed energia. Mi amo, perciò mi procuro una casa confortevole che corrisponda a tutti i miei bisogni e nella quale sia bello stare. Riempio le stanze con la vibrazione dell'amore affinché chiunque entri, me compreso, avverta la sua presenza e ne sia arricchito. Mi amo, perciò faccio un lavoro che mi piace dove impiego le mie doti creative, al servizio di persone e colleghi che amo e che mi amano a loro volta, guadagnando adeguatamente. Mi amo, perciò penso e amo tutti con affetto perché so che ciò che do mi ritorna moltiplicato. Attraggo solo persone amorevoli perciò il mio mondo per loro è uno specchio di ciò che sono. Mi amo, perciò perdono e dimentico il passato e tutte le esperienze trascorse, e sono libero. Mi amo, perciò vivo completamente nel presente, godendo di ogni istante come di un dono meraviglioso, con la consapevolezza che il futuro è luminoso, gioioso e sicuro, perché sono il beneamato figlio dell'Universo che si prende cura di me con amore, ora e per sempre. È così sia.

Tratto dal libro di Louise Hay, *Guarisci il tuo Corpo*, Edizioni My Life.

Consigli di guarigione olistica

Il corpo

Alimentazione

Dieta, Combinazione degli alimenti, Macrobiotica, Erbe naturali, Vitamine, Fiori di Bach, Omeopatia.

Esercizio fisico

Yoga, Tappeto elastico, Camminare, Danzare, Bicicletta, Tai Chi, Arti marziali, Nuoto, Sport ecc.

Terapie alternative

Agopuntura, Agopressione, Colon terapia, Riflessologia, Energia Orgonica, Cromoterapia, Massaggio e lavoro sul corpo secondo il metodo Alexander, Bioenergetica, Touch for Health (kinesiologia), Metodo Feldenkrais, Massaggio dei tessuti profondi, Rolfing, Polarity, Trager, Reiki.

Tecniche di rilassamento

Desensibilizzazione sistematica, Respirazione profonda, Biofeedback, Sauna, Idroterapia e Idromassaggio, Panca Retroversa, Musica.

La mente

Affermazioni, Visualizzazioni mentali, Visualizzazioni guidate, Meditazione, Amare se stessi.

Tecniche psicologiche

Gestalt, Ipnosi, PNL, Focalizzazione, Rebirthing, Analisi dei sogni, Psicodramma, Regressione alle vite passate, Psicoterapia umanistica junghiana, Astrologia, Arteterapia.

Lo spirito

Chiedere ciò che vuoi, Perdono, Ricevere (permettere alla presenza di Dio di entrare dentro di te), Accettazione, Resa.

Credo da molto tempo che tutto ciò
che ho bisogno di sapere mi viene rivelato,
che tutto ciò di cui ho bisogno mi viene dato,
che va tutto bene nella mia vita.
Non c'è nessun nuovo sapere.
Tutto è antico e infinito.
È una gioia e un piacere raccogliere
la saggezza e il sapere a beneficio
di coloro che intraprendono il cammino di guarigione.
Perciò dedico questa offerta a tutti quelli
che mi hanno insegnato ciò che so:
a molti dei miei clienti,
ai miei amici che operano nel settore,
ai miei maestri e alla Divina Intelligenza Infinita
per aver canalizzato attraverso di me
ciò che gli altri hanno bisogno di sentire.

Louise Hay

L'autrice

Louise Hay, autrice di best seller a livello internazionale, ha divulgato e ha insegnato metafisica e ha venduto più di cinquanta milioni di libri in tutto il mondo. Per oltre venticinque anni, ha aiutato persone di diverse nazionalità a scoprire e a sfruttare al massimo il loro potenziale per favorire la crescita personale e l'autoguarigione. È stata ospite del programma *The Oprah Winfrey Show* e di molte altre trasmissioni televisive e radiofoniche sia negli Stati Uniti che in tutto il mondo.

Visita i siti ufficiali di Louise Hay
per essere sempre aggiornato sulle novità:

www.louisehay.it
(italiano)

www.louisehay.com
(inglese)

In libreria

Puoi guarire il tuo Cuore
Louise Hay, David Kessler - 192 pagine.
Questo libro esplora il modo in cui riusciamo a riprenderci dopo qualsiasi tipo di perdita. Un libro per espandere la tua consapevolezza e il tuo modo di pensare alla perdita riuscendo a farlo con amore e comprensione.

Guarisci Te Stesso. Guarisci il tuo corpo con la scienza, le affermazioni e l'intuito
Louise Hay, dr. Mona Lisa Schulz - 256 pagine.
Questo libro, illustra il connubio tra affermazioni, intuito e medicina. Una ricetta perfetta per ottenere salute, benessere e consapevolezza.

Come puoi guarire la tua vita - il manuale
Louise Hay - 176 pagine.
Questo manuale ti spiega come mettere in pratica i principi di amore, autostima e pensiero positivo racchiusi nel best seller *Puoi guarire la tua vita*, applicandoli a tutta una serie di problematiche e aree esistenziali.

Vivi bene adesso. Impara a usare le affermazioni
Louise Hay - 128 pagine, contiene link download audio gratuito.
In questo libro meraviglioso Louise Hay descrive il potere e l'importanza delle affermazioni e come usarle nella tua vita. Nel link audio, Louise ti offre preziose informazioni per consolidare i benefici ottenuti con le affermazioni positive.

Puoi vivere una vita straordinaria
Louise Hay, Cheryl Richardson - 192 pagine.
La Regina delle Affermazioni, insieme alla migliore coach al mondo (così Louise definisce Cheryl), ti aiuta a riscoprire e a far emergere dentro di te i giusti supporti per la tua crescita personale, esplorando ogni aspetto della vita quotidiana, dal risveglio fino al momento di coricarsi.

In libreria

Guarisci il tuo corpo. Le cause mentali delle malattie fisiche e le affermazioni per superarle
Louise Hay - 144 pagine.
Questo libro non "cura", ma risveglia in te la capacità di contribuire al tuo stesso processo di guarigione. Per diventare integri e sani, dobbiamo riportare l'equilibrio tra corpo, mente e spirito.

Pensieri del Cuore. Il tesoro dalla saggezza interiore
Louise Hay - 256 pagine.
La raccolta delle affermazioni più efficaci tratte dagli insegnamenti di Louise Hay. Apri il libro e leggi l'affermazione che può ispirarti per tutta la giornata, oppure consulta l'indice e scegli una delle perle di saggezza di Louise.

I Love My Life. Riflessioni sul tuo cammino
Louise Hay - 248 pagine.
La crescita, le relazioni, il lavoro, la spiritualità, il benessere... e le sfide che questi momenti della vita portano con loro. Scopri come affrontarli positivamente... per procedere lungo il cammino della tua vita.

Guarisci la tua vita. Il tuo coaching con Louise Hay.
Louise Hay - 2 CD Audio.
Mettendo in pratica i principi dell'autostima e del valore di sé illustrati da Louise Hay nei due CD, sarai in grado di trasformare le convinzioni e i pensieri negativi in forme positive che stimoleranno l'amore e la gioia nella tua vita.

Io penso, io sono. Insegna ai bambini il potere delle affermazioni
Louise Hay - 32 pagine illustrate a colori.
Questo è il primo libro di Louise Hay dedicato ai più piccoli. Un ottimo libro per i genitori che vogliono insegnare ai figli il pensiero positivo.

Disponibili in libreria e su www.mylife.it/store

Note

Vis   To do 1 x ogni prova
prima

Affermazioni

- 18
- 28
- 43
- 53
- 62
- 70
- 86
- 100
- 111
- 124
- 131
- 136
- 140
- 150
- 174
- 234
- 263

17